しっかり韓国語

初級

金 亨貞

HAKUEISHA

はじめに

　本書は，入門・初級の韓国語学習者を対象とし，文字と発音及び初級レベルの韓国語の語彙や文法表現を扱っています。ハングル能力検定試験の初級（5級・4級）の文法項目はほぼ網羅しており，この教材をマスターすると，ハングル能力検定試験4級やTOPIK2級に相当する韓国語の力が付きます。具体的な学習目標は以下のとおりです。

　（1）韓国語の文字と発音についての徹底した練習を通じて，ハングルの読み書きができるようになる。
　（2）よく使われる語句と言い回しを身につけ，日常生活で接する短めの実用文が理解できるようになる。また，身近な話題なら簡単な文章が書けるようになる。
　（3）応用課題や練習問題を通じて，自己紹介，飲食店での注文，宿泊・公演の予約，電話でのやりとりなど，様々な状況や場面に応じた適切なコミュニケーションができるようになる。

　原則として独学用ではなく，大学などの授業で，週2回，通年で1冊が終わることを目指しますが，初級文法の参考書としても使えるように，語彙や文法項目について可能な限り詳しい解説を載せました。
　本書は，「買い物，週末，学校・社会生活，旅行・予約，交通」などのテーマ別に構成されており，各テーマに合わせて関連語句やフレーズを盛りこみました。各課は，「①会話本文 - ②語句 - （③発音） - ④文法および表現 - ⑤表現練習 - ⑥応用練習」の順となっています。特徴をいくつか挙げると，まず「②語句」では，テーマ別によく用いられる

語彙や表現をまとめて収録しました。会話本文や練習問題には，その課およびそれ以前の課で掲載した語句を主に使用し，単語力がつくように工夫しました。新出語句など，必要な場合には説明をつけました。「⑤表現練習」では，主にパターン練習形式の問題を載せており，反復練習をしながら文法表現がしっかり身につくように構成しました。最後に「⑥応用練習」では，「スピーキング，リスニング，リーディング，ライティング」の四技能のタスク課題を通じて，実践的なコミュニケーション能力が身につくように工夫しました。

巻末には文法項目や発音規則などの索引をつけました。付録としては，基本語句のまとめ，練習問題の解答，リスニングのスクリプトを提供します。QRコードを読み取ると当該資料をダウンロードすることができます。会話本文などの音声資料も同じようにダウンロード可能です。

最後に，本書の出版において博英社の関係者の方々に大変お世話になりました。心から感謝を表します。

2022年9月5日

金　亨貞

目次

付録（QR コード掲載）

基本語句のまとめ

練習問題の解答

リスニングのスクリプト

音声ファイルは、
QR コードをスキャンするとご確認いただけます。

基本語句は、
QR コードをスキャンするとご確認いただけます。

練習問題の解答は、
QR コードをスキャンするとご確認いただけます。

リスニングのスクリプトは、
QR コードをスキャンするとご確認いただけます。

	テーマ	学習内容			
1課	文字と発音（1）	韓国朝鮮語について，表記上の特徴，母音字（1）基本母音，子音字（1）平音，有声音化（1），あいさつ（1）			
2課	文字と発音（2）	子音字（2）激音，子音字（3）濃音，母音字（2）[j]系複合母音，母音字（3）[w]系複合母音と二重母音，あいさつ（2）			
3課	文字と発音（3）	パッチム（1）パッチムと終声，パッチム（2）鼻音と流音，パッチム（3）内破音，パッチム（4）終声規則と濃音化，有声音化（2），連音化，仮名のハングル表記，あいさつ（3）			
	テーマ	課題及び活動	文法および表現	語句	発音・参考
4課	自己紹介	簡単な自己紹介ができる。基本的な挨拶ができる。	합니다体（~(스)ㅂ니다） ~입니다 ~는/은 ~가/이 ~도	国・地域 職業・身分 基本用言（1） 初対面の挨拶	鼻音化 ㅎの弱化
5課	位置	ものや場所の位置を表すことができる。	해요体（1）（~아/어요） 存在詞 있다，없다 ~에（1）（所在,到達点,時） ~를/을 ~하고，-와/과	もの名詞（1） 場所名詞 位置名詞 基本用言（2）	激音化 ㅎの脱落
6課	買い物（1）	買い物のとき簡単なやりとりができる。	指定詞 이다，아니다 ~에서 ~에（2）（基準,単位） 漢字語の数詞 固有語の数詞 助数詞（1）	もの名詞（2） 指示代名詞 疑問詞	
7課	日程	日付，曜日，時刻の表現が理解でき，日課について話すことができる。	해요体（2）（~아/어요） 助数詞（2） 年月日の表現 時刻の表現 ~부터，~까지	時間名詞（1） 場所代名詞 基本用言（3）	流音化
8課	週末	週末をどのように過ごしたかについて話すことができる。	過去形 否定形（1）안 ~，~지 않다 ~고 ~（으）로，~의，~만，~보다	もの名詞（3） 飲食名詞（1） 基本用言（4）	ㄴ挿入 口蓋音化
9課	家族紹介	自分の家族について話すことができる。	尊敬形 ~(으)시 特殊な尊敬形 否定形（2）못 ~，~지 못하다 ~에게・한테，~에게서・한테서	家族・親族名詞 人称代名詞	あいさつのまとめ

	テーマ		学習内容		
10課	注文	飲食店で料理や飲み物が注文できる。	連体形（1）現在・過去・回想 ~는, ~(으)ㄴ, ~던・았/었던 ~겠 ~고 싶다 ~지만 으変則	飲食名詞（2） 食べ物の味 食事時の挨拶	参考1 - 料理名
11課	計画・経験	学校の休みや連休の予定,卒業後の進路,過去の経験について話すことができる。	連体形（2）　未来 ~(으)ㄹ ~(으)ㄹ 것이다 連用形 ~아/어 ~아/어 보다 ~(으)ㄴ 적이 있다/없다 르変則	時間名詞（2） 接続詞	参考2 - 地域・都市名
12課	趣味	趣味について話し合うことができる。	~아/어서 ~(으)러 ~(으)ㄹ까요 ~마다, ~(이)나（1）, ~처럼 ㄷ変則	趣味に関する語句	参考3 - 趣味 参考4 - SPOrNの法則
13課	学校・会社生活	学校や職場の生活について話し合うことができる。	~(으)ㄹ 수 있다/없다 ~아/어 주다/드리다 ~고 있다 ~지요 ㅂ変則	学校・社会生活に関する語句 形容詞（1）	
14課	買い物（2）	買い物のとき,自分の好みを言うことができる。 商品の交換や返品ができる。	~(으)ㄴ데, ~는데 ~(으)면 ~았/었으면 하다(좋겠다) ~네요 ~게 ㅎ変則	買い物に関する語句 色名詞 形容詞（2）	参考5 - 着用動詞
15課	約束・通信	約束の取り付けや変更, キャンセルができる。 韓国語で電話やメールのやりとりができる。	~중이다, ~는 중이다 ~(으)ㄹ게요 ~아/어 있다 ~요 ~(으)ㄴ데요, ~는데요 ~잖아요	約束・通信に関する語句 時間名詞（3）	

	テーマ	学習内容			
16課	旅行・予約	旅行の経験や計画について話すことができる。 宿泊・公演・食堂などの予約ができる。	~(으)니까 ~아/어도 ~아/어도 되다(괜찮다) ~기 전에 ~고 나서, ~(으)ㄴ 후에, ~(으)ㄴ 뒤에 ~(으)ㄴ 다음에	旅行・予約に関する語句 形容詞（3）	
17課	交通	バスや電車の路線について説明できる。 道を尋ねることができる。	~ (으)려고 ~ (으)려고 하다 ~ (으)면 되다 ~ (으)면 안 되다 ~아/어야 하다(되다) ~기 때문에, 때문에 ~ (이)나（2）, ~밖에	交通に関する語句 形容詞（4）	
18課	健康・天気	健康問題や病気，天気について話すことができる。	連体形 것 같다 합니다体の命令形　~(으)십시오 합니다体の勧誘形　~(으)ㅂ시다 命令や勧誘の否定形 -지 말다 ~지 말고 ~거든요 ㅅ変則	病気・健康に関する語句 天気に関する語句	参考6 - 身体名詞 参考7 - 病気関連語句
付録	1. 基本語句のまとめ 2. 練習問題の解答 3. リスニングのスクリプト				

★ 登場人物

| 노무라 히로키 | 슈 메이 | 이수연 | 김민우 |

・노무라 히로키（ノムラ・ヒロキ）： 東北学院大学国際学部の２年生。
韓国語を専門として学んでいる。高校生のときに知り合った韓国人の
友達がいて，韓国語や韓国社会に関心を持ち始めた。

・슈 메이（シユウ・メイ）： 東北学院大学国際学部の２年生。中国人留
学生。K・POPが好きで，韓国の文化に興味を持っている。野村と同じ
クラスで韓国語を学んでいる。

・이수연（イ・スヨン）： 東北学院大学国際学部の３年生。韓国人留学
生。専攻は日本文学。中国語を学びたくてメイと言語交換をしている。

・김민우（キム・ミヌ）： 韓国大学建築工学課の２年生。野村の友達。
高校生のとき，第２外国語で日本語を学んだ。日本のアニメが好きな
学生。

第１課

文字と発音（１）

第1課 文字と発音（Ⅰ）

Ⅰ-1　韓国朝鮮語について

（1）言語の名称

- 昔から日本で使用されてきた伝統的かつアカデミックな名称は「朝鮮語」。
- 朝鮮半島には「韓国（大韓民国）」と「北朝鮮（朝鮮民主主義人民共和国）」の２つの国が存在。自国のことばを韓国では「韓国語（ハングゴ）」，北朝鮮では「朝鮮語（チョソノ）」と呼ぶ。政治的問題に絡んでどちらか一方を言語名として用いるのに抵抗を持つ傾向が見られ，「韓国朝鮮語」という折衷的表現が使われることもある。
- 最近「コリア語」という用語も登場した。韓国と北朝鮮の人々はもちろん，朝鮮半島にルーツを持ちながら日本をはじめとして世界の様々な国や地域に居住している「コリアン」たちが使用している言語という意味。
- このテキストは，韓国の標準語であるソウル方言を中心に構成されており，言語名は「韓国語」を使う。

（2）文字の名称

- 韓国朝鮮語の文字の名称は「ハングル」。ハングルは言語名ではない！
- ハングルは人工的に作られた文字。朝鮮時代の4代国王である世宗（セジョン）が学者たちとともに1443年に作って，1446年に『訓民正音』という書物の形で公布。

（3）韓国朝鮮語の特徴

1）文法的には日本語と共通点が多い。

　　① 語順は日本語とほぼ同じ。助詞や用言の活用がある。

　　　例　노무라 씨는　　音악을　　듣습니까?
　　　　　　ノムラッシヌン　ウマグル　トゥッスムニッカ
　　　　　　野村　さんは　　音楽を　　聞きますか。

② 会話文では主語が省略されることが多い。

③ 敬語が存在する。丁寧語，尊敬語，謙譲語の区別もある。「目上・目下」，「親しい・親しくない」で表現を使い分ける。

2）漢字語が多いが，表記にはほとんど使わない。

① 固有語と漢字語がある。

例 固有語-하나（ひとつ），漢字語-일（いち）

② 日本の漢字語と共通するものが多い。

例 家具 가구（かぐ），道路 도로（とろ）
基本 기본（きほん），料理 요리（より）

③ 漢字の発音は音読みだけで訓読みはない。原則として一字一音である。日本語の漢字音と韓国語の漢字音の対応関係を覚えておくと語彙が増える。

例 図書館（としょかん）도서관，地図（ちず）지도

④ 単語には漢字語が多いが，文字はハングルを使用する。漢字語も通常はハングルで表記される。

3）母音や子音の種類が多く，発音の変化も少し複雑なため，発音はやや難しい。

・子音を表す字と母音を表す字がある。これらを字母という。子音や母音を表す字を左右に組み合わせるか，上下に組み合わせて文字を作る。1文字＝1音節を成す。

① 子音字＋母音字

子音字	母音字

子音字
母音字

例 나, 리, 며　　　　　　**例** 노, 요, 스

② 子音字＋母音字＋子音字（パッチム）

子音字	母音字
子音字（パッチム）	

子音字
母音字
子音字（パッチム）

例 감, 일, 삶　　　　　　**例** 봉, 춤, 흙

・ハングルは必ず子音字で書き始める。母音だけの音を表すときでも子音がゼロの印である「ㅇ」を必ず文字の最初につける。
・縦書きと横書き両方あるが，最近は横書きが主流になっている。
・分かち書きがある。原則として助詞と語尾以外は，単語と単語の間は一つあけて書く。
・文末には「.」，「?」，「!」の文章記号をつける。

母音字（1）基本母音

ㅏ [a]	アとほぼ同じ	ㅑ [ja]	ヤとほぼ同じ
ㅓ [ɔ]	アの口の形をしてオ	ㅕ [jɔ]	ㅓのヤ行の音
ㅗ [o]	唇を丸くすぼめてオ	ㅛ [jo]	唇を丸くすぼめてヨ
ㅜ [u]	唇を丸くすぼめてウ	ㅠ [ju]	唇を丸くすぼめてユ
ㅡ [ɯ]	口を横に引いてウ	ㅣ [i]	イとほぼ同じ

注 意

「ㅑ, ㅕ, ㅛ, ㅠ」は「ㅏ, ㅓ, ㅗ, ㅜ」に半母音 [j] のついた音を表す字である。「ㅏ, ㅓ, ㅗ, ㅜ」に短い縦棒あるいは横棒)を一画加えた形で，発音は「ャ」行の音を出す方法とほぼ同じ。

《練習１》次の母音字を発音しながら，書いてみましょう。 🎧 1-1

아								
야								
어								
여								
오								
요								
우								
유								
으								
이								

注 意

1) 母音だけの音を表すときは，最初に子音がないことを表す「ㅇ」を必ずつける。

2) 教科書の字体にあるような筆先の部分は不要。

《練習 2》違いに気をつけて発音してみましょう。　🎧 1-2

1) ①오 ②우　　　2) ①우 ②으　　　3) ①오 ②어

4) ①야 ②여　　　5) ①여 ②요　　　6) ①유 ②요

《練習 3》次の語句を発音してみましょう。　🎧 1-3

1) 아이 子供　　　2) 이유 理由　　　3) 오이 きゅうり

4) 여우 きつね　　5) 아우 弟・妹　　6) 우아 優雅

7) 야유 揶揄　　　8) 우유 牛乳　　　9) 유아 幼児

《練習 4》音声を聞いて，発音された方を選んでみましょう。　🎧 1-4

1) ①아　　　　②어　　　　2) ①오　　　　②우

3) ①어　　　　②여　　　　4) ①으　　　　②이

5) ①우　　　　②으　　　　6) ①유　　　　②요

7) ①요　　　　②여　　　　8) ①아이　　　②이어

9) ①아우　　　②야유　　　10) ①여유　　　②여우

11) ①우아　　　②유아　　　12) ①어이　　　②오이

《練習 5》音声を聞いて，発音された語句を書いてみましょう。　🎧 1-5

1) (　　　　　　　　) 　2) (　　　　　　　　)

3) (　　　　　　　　) 　4) (　　　　　　　　)

5) (　　　　　　　　) 　6) (　　　　　　　　)

子音字（1）平音

ㄱ［k/g］カ行（ガ行）とほぼ同じ　ㄴ［n］ナ行とほぼ同じ

ㄷ［t/d］タ行（ダ行）とほぼ同じ　ㄹ［r］ラ行とほぼ同じ

ㅁ［m］マ行とほぼ同じ　ㅂ［p/b］パ行（バ行）とほぼ同じ

ㅅ［s/ ʃ］サ行とほぼ同じ　ㅇ　文字の最初に立つと発音しない

ㅈ［tʃ/dʒ］チャ行（ジャ行）とほぼ同じ

ㅎ［h］ハ行とほぼ同じ

《練習6》子音字と母音字を組み合わせて，発音しながら書いてみましょう。🎧 1-6

母音字／子音字	ㅏ	ㅑ	ㅓ	ㅕ	ㅗ	ㅛ	ㅜ	ㅠ	ㅡ	ㅣ
ㄱ										
ㄴ										
ㄷ										
ㄹ										
ㅁ										
ㅂ										
ㅅ										
ㅇ										
ㅈ										
ㅎ										

注 意

1) ㄱの場合，母音字が左に来るときと上に来るときの書き方が異なるので注意。

例 가, 거, 기 / 구, 교, ユ

2)「ㄷ」の場合、「ㅣ, ㅑ, ㅕ, ㅛ, ㅜ, ㅠ, ㅡ」の前では「디」=「ティ」,「댜」=「ティャ」,
「듀」=「テュ」などの発音になり、「チ」,「チャ」などとは発音しない。

3)「ㅅ」の場合，「ㅣ, ㅑ, ㅕ, ㅛ, ㅠ」の前では[ʃ]（「シャ，シュ，ショ」系の音）になる。

《練習7》違いに気をつけて発音してみましょう。　🎧 1-7

1) ①나 ②다　　2) ①모 ②보　　3) ①다 ②댜

4) ①거 ②저　　5) ①수 ②슈　　6) ①드 ②즈

《練習8》次の語句を発音してみましょう。　🎧 1-8

1) 교수　　教授　　2) 머리　　頭・髪の毛　　3) 그러나　しかし

4) 다시　　再び　　5) 어머니　お母さん　　6) 아뇨　　いいえ

7) 요리　　料理　　8) 너무　　あまりにも　　9) 주소　　住所

10) 부모　父母　　11) 하루　　一日　　12) 러시아　ロシア

《練習9》音声を聞いて，発音された方を選んでみましょう。　🎧 1-9

1) ①구　　　②두　　　　　2) ①모　　　②보

3) ①너　　　②러　　　　　4) ①즈　　　②흐

5) ①누나　②무마　　　　6) ①미소　②비누

7) ①서로　②도로　　　　8) ①모녀　②부녀

9) ①나루　②나무　　　　10) ①자수　②사수

11) ①교류　②교수　　　　12) ①부유　②두유

《練習10》音声を聞いて，発音された語句を書いてみましょう。　🎧 1-10

1) (　　　　　　)　　　　2) (　　　　　　)

3) (　　　　　　)　　　　4) (　　　　　　)

5) (　　　　　　)　　　　6) (　　　　　　)

子音「ㄱ, ㄷ, ㅂ, ㅈ」は使われる位置によって発音が異なる。語中で
母音と母音に挟まれた場合は, それぞれ「g, d, b, dʒ」と濁って発音さ
れる。

・語頭（単語の始め）：無声音
  ㄱ[k]（カ行）, ㄷ[t]（タ行）, ㅂ[p]（パ行）, ㅈ[tʃ]（チャ行）
・語中（単語の始め以外）：有声音
  ㄱ[g]（ガ行）, ㄷ[d]（ダ行）, ㅂ[b]（バ行）, ㅈ[dʒ]（ジャ行）

ㄱ	[k/g]	기로 [kiro]	岐路	보기 [pogi]	例
ㄷ	[t/d]	다수 [tasu]	多数	수도 [sudo]	首都
ㅂ	[p/b]	부모 [pumo]	両親	두부 [tubu]	豆腐
ㅈ	[tʃ/dʒ]	자리 [tʃari]	席	거주 [kɔdʑu]	居住

《練習11》違いに気をつけて発音してみましょう。　🎧 1-11

1) ①구사 （駆使） ②누구 （誰）　2) ①도로 （道路） ②유도 （柔道）

3) ①바다 （海）　②소바 （そば） 4) ①지도 （地図） ②가지 （ナス）

《練習12》次の語句を発音してみましょう。　🎧 1-12

1) 고기　肉　　　　2) 구두　靴　　　　3) 드디어　ついに

4) 나비　蝶　　　　5) 부자　お金持ち　6) 아버지　お父さん

7) 아주　とても　　8) 휴가　休暇　　　9) 라디오　ラジオ

10) 지구　地球　　 11) 바보　馬鹿　　 12) 아주머니　おばさん

13) 어디　どこ　　 14) 여기　ここ　　 15) 고구마　サツマイモ

★ 発音された語句を探して，線で囲んでみましょう。
（縦，横，斜め方向にすること。逆方向は不可能。）　🎧 1-13

무	료	보	고	무	하	마
너	무	리	려	고	나	무
나	사	아	요	사	무	소
자	리	하	뇨	리	우	리
모	수	마	녀	호	수	려

★ 選んだ語句を（　　　）に書きましょう。

1) （　　　　　　　） 　　2) （　　　　　　　）

3) （　　　　　　　） 　　4) （　　　　　　　）

5) （　　　　　　　） 　　6) （　　　　　　　）

7) （　　　　　　　） 　　8) （　　　　　　　）

🎧 1-14

あいさつ（1）

今の時点では，文字は気にせず，音声を聞いて音で覚えましょう。

① 안녕하세요? こんにちは（おはようございます，こんばんは）。

　네, 안녕하세요? はい，こんにちは（おはようございます，こんばんは）。

② 감사합니다. ありがとうございます。

　아니에요. いえいえ。

第2課

文字と発音（2）

第2課 文字と発音（2）

2 - 1　子音字（2）激音

ㅋ ［kʰ］ 息を強く出してカ行　　ㅌ ［tʰ］ 息を強く出してタ行

ㅍ ［pʰ］ 息を強く出してパ行　　ㅊ ［tʃʰ］ 息を強く出してチャ行

《練習1》子音字と母音字を組み合わせて，発音しながら書いてみましょう。 🎧 2-1

母音字 子音字	ㅏ	ㅑ	ㅓ	ㅕ	ㅗ	ㅛ	ㅜ	ㅠ	ㅡ	ㅣ
ㅋ										
ㅌ										
ㅍ										
ㅊ										

注 意

ㅋの場合，母音字が左に来るときと上に来るときの書き方が異なるので注意。

例 카, 켜, 키 / 코, 큐, 크

《練習2》平音と激音を区別して発音してみましょう。　🎧 2-2

1)　①가루（粉）　　　　②카드（カード）

2)　①도로（道路）　　　②토사（土砂）

3)　①비서（秘書）　　　②피서（避暑）

4)　①자요（寝ます）　　②차요（冷たいです）

《練習3》次の語句を発音してみましょう。 🎧 2-3

1) 기차 汽車　　　2) 사투리 方言　　　3) 토스트 トースト

4) 커피 コーヒー　5) 부터 ～から　　6) 치료 治療

7) 스포츠 スポーツ　8) 아파트 マンション　9) 어차피 どうせ

10) 크다 大きい　　11) 포도 ぶどう　　12) 아르바이트 アルバイト

《練習4》音声を聞いて，発音された方を選んでみましょう。 🎧 2-4

1) ①모　　　②보　　　③포　　　2) ①키　　　②티　　　③히

3) ①주자　　②주차　　　　　　　4) ①쿠키　　②구기

5) ①치즈　　②치수　　　　　　　6) ①피로　　②치료

7) ①기후　　②기초　　　　　　　8) ①다도　　②타조

9) ①도시　　②토시　　　　　　　10) ①자비　　②차비

《練習5》音声を聞いて，発音された語句を書いてみましょう。 🎧 2-5

1) (　　　　　　　)　　　　　2) (　　　　　　　)

3) (　　　　　　　)　　　　　4) (　　　　　　　)

5) (　　　　　　　)　　　　　6) (　　　　　　　)

ㅐ［ε］（［e］）口を開いてエ ← （形は）ㅏ+ㅣ

ㅒ［jε］（［je］）口を開いてイェ ← （形は）ㅑ+ㅣ

ㅔ［e］エとほぼ同じ ← （形は）ㅓ+ㅣ

ㅖ［je］イェとほぼ同じ ← （形は）ㅕ+ㅣ

注 意

実際には，現在の韓国語では「ㅐ」と「ㅔ」，「ㅒ」と「ㅖ」はほとんど区別されなくなっている。

애［ε/e］≒ 에［e］　　얘［jε/je］≒ 예［je］

《練習6》子音字と母音字を組み合わせて，発音しながら書いてみましょう。🎧 2-6

母音字 子音字	ㅐ	ㅒ	ㅔ	ㅖ
ㄱ				
ㄴ				
ㄷ				
ㄹ				
ㅁ				
ㅂ				
ㅅ				
ㅇ				
ㅈ				
ㅊ				
ㅋ				
ㅌ				
ㅍ				
ㅎ				

注 意

「ㅒ」と「ㅖ」は子音字が，「ㄴ, ㅅ, ㅇ」のときのみ［jε］，［je］で発音される。その他の子音字と組み合わせたときはすべて［ε］，［e］で発音される。

例 예［je］, 냬［njε］ / 계［ke］, 대［tε］

《練習7》違いに気をつけて発音してみましょう。　🎧 2-7

1) ①애 (子ども)　　　②얘 (この子)

2) ①에이 (A，エイ)　　②예매 (先売り，前売り)

《練習8》次の語句を発音してみましょう。　🎧 2-8

1) 개미 アリ　　　　2) 노래 歌　　　　3) 세수 洗顔

4) 서예 書道　　　 5) 야채 野菜　　　6) 하얘요 真っ白です

7) 베개 枕　　　　 8) 어제 昨日　　　9) 얘기 話

10) 폐　肺　　　　 11) 지혜 知恵　　　12) 차례 順序，順番

13) 지폐 紙幣　　　14) 시계 時計　　　15) 세계 世界

2 - 3　母音字（3）[w]系複合母音と二重母音

ㅘ [wa]	←	ㅗ+ㅏ	「オァ」
ㅝ [wɔ]	←	ㅜ+ㅓ	「ウォ」
ㅙ [wɛ]（[we]）＊	←	ㅗ+ㅐ	「ウェ」
ㅞ [we]	←	ㅜ+ㅔ	「ウェ」
ㅚ [we]	←	ㅗ+ㅣ	「ㅞ」とほぼ同じ
ㅟ [wi]	←	ㅜ+ㅣ	「ウィ」
ㅢ [ɯi / i]	←	ㅡ+ㅣ	最初「ㅡ」を発音してすぐに「ㅣ」を発音

注 意

1) ハングルにおいて単母音に半母音[w]がついた音を表す字は，単母音字の左に「ㅗ」か「ㅜ」を加えて表す。「ワ」行の音よりも唇を突き出して，丸めて発音する。

2) 現在の韓国語では「ㅙ, ㅞ, ㅚ」はほとんど区別せず，唇を丸めて「ウェ」と発音して構わない。

3) 쉬の子音の発音は「シャ，シュ，ショ」の子音［ʃ］で発音する。

4) ㅢの発音：［ɯi］と発音されるのは単語が母音「의」で始まるときのみ。それ以外の場合，의が語中・語末に来ているときや子音と一緒になったときは［i］と発音される。

例　의미［ɯimi］　意味　　　　거의［kɔi］　ほとんど
　　 희다［hida］　白い　　　　무늬［muni］　模様

　＊ 助詞「の」として使われるときは通常［에］で発音される。

例　어머니의［어머니에］ 구두 お母さんの靴

《練習９》子音字と母音字を組み合わせて，発音しながら書いてみましょう。🎧 2-9

母音字＼子音字	ㅘ	ㅙ	ㅚ	ㅝ	ㅞ	ㅟ	ㅢ
ㄱ							
ㄴ							
ㄷ							

18 ｜ しっかり韓国語 初級

ㄹ							
ㅁ							
ㅂ							
ㅅ							
ㅇ							
ㅈ							
ㅊ							
ㅋ							
ㅌ							
ㅍ							
ㅎ							

《練習10》違いに気をつけて発音してみましょう。　🎧 2-10

1) ①와 ②워　　2) ①와 ②왜

3) ①워 ②웨　　4) ①위 ②의

《練習11》次の語句を発音してみましょう。　🎧 2-11

1) 돼지 豚　　　　2) 해외 海外　　　3) 스위치 スイッチ

4) 개최 開催　　　5) 대화 対話　　　6) 외워요 暗記します

7) 회사 会社　　　8) 화해 和解　　　9) 교과서 教科書

10) 취미 趣味　　11) 좌우 左右　　12) 더워요 暑いです

13) 궤도 軌道　　14) 의미 意味　　15) 주의 注意

16) 회의 会議　　17) 의의 意義　　18) 희다 白い

子音字（3）濃音

・濃音…平音や激音と異なり，息はほとんど出さないでのどを詰めるように して発音する。濃音を表す字は平音を表す字を二つ重ねて書く。

字母	日本語で似た音
ㄲ[ˀk]	うっかり
ㄸ[ˀt]	ぱったり
ㅃ[ˀp]	やっぱり
ㅆ[ˀs]	あっさり
ㅉ[ˀtʃ]	ぽっちゃり

◎ 平音，激音，濃音

平音	가	다	바	사	자
激音	카	타	파		차
濃音	까	따	빠	싸	짜

《練習12》子音字と母音字を組み合わせて，発音しながら書いてみましょう。 🎧 2-12

子音字 ＼ 母音字	ㅏ	ㅑ	ㅓ	ㅕ	ㅗ	ㅛ	ㅜ	ㅠ	ㅡ	ㅣ
ㄲ										
ㄸ										
ㅃ										
ㅆ										
ㅉ										

注 意

ㄲの場合，母音字の左に来るときと上に来るときの書き方が異なるので注意。

例 까, 꺼, 끼 / 꼬, 꾸, 끄

《参考》辞書の順序（韓国の場合）

・辞書ではこの順番に単語が並んでいるので，覚えておきましょう。

子音 ㄱ（ㄲ）ㄴㄷ（ㄸ）ㄹㅁㅂ（ㅃ）ㅅ（ㅆ）ㅇㅈ（ㅉ）ㅊㅋㅌㅍㅎ

母音 ㅏㅐㅑㅒㅓㅔㅕㅖㅗㅘㅙㅚㅛㅜㅝㅞㅟㅠㅡㅢㅣ

《練習 13》平音と濃音を区別して発音してみましょう。　🎧 2-13

1) ①고다（煮込む）　　　②꼬다（よじる）

2) ①도래（渡来）　　　②또래（同じ年頃の人）

3) ①부리（くちばし）　　②뿌리（根）

4) ①서요（立ちます）　　②써요（書きます）

5) ①자요（寝ます）　　　②짜요（しょっぱいです）

《練習 14》次の語句を発音してみましょう。　🎧 2-14

1) 가짜 偽物　　2) 까마귀 カラス　3) 따라서 したがって

4) 뼈 骨　　　5) 찌개 チゲ　　　6) 싸워요 喧嘩します

7) 코끼리 象　　8) 쓰레기 ゴミ　　9) 예뻐요 可愛いです

10) 메뚜기 バッタ　11) 토끼 ウサギ　12) 찌꺼기 かす

《練習15》音声を聞いて，発音された方を選んでみましょう。 🎧 2-15

1) ①바　　②빠　　③파　　　　2) ①구　　②꾸　　③쿠

3) ①가요　②까요　　　　　　4) ①사다　②싸다

5) ①져요　②쩌요　　　　　　6) ①다르다　②따르다

7) ①바르다　②빠르다　　　　8) ①지게　　②찌개

9) ①타요　②따요　　　　　　10) ①차다　②짜다

《練習16》音声を聞いて，発音された語句を書いてみましょう。🎧 2-16

1) (　　　　　　　　)　　　　2) (　　　　　　　　)

3) (　　　　　　　　)　　　　4) (　　　　　　　　)

5) (　　　　　　　　)　　　　6) (　　　　　　　　)

★ 発音された語句を探して，線で囲んでみましょう。

（縦，横，斜め方向にすること。逆方向は不可能。） 🎧 2-17

돼	메	더	궤	세	찌	개
지	구	뉴	워	도	수	미
투	수	과	스	요	차	비
여	가	토	자	주	의	례
타	자	짜	끼	수	사	미

★ 選んだ語句を（　　　　）に書きましょう。

1)（　　　　　　　）　　　2)（　　　　　　　）

3)（　　　　　　　）　　　4)（　　　　　　　）

5)（　　　　　　　）　　　6)（　　　　　　　）

7)（　　　　　　　）　　　8)（　　　　　　　）

9)（　　　　　　　）　　　10)（　　　　　　　）

🎧 2-18

あいさつ (2)

① 어서 오세요. いらっしゃいませ。

② 고마워요. ありがとうございます。

　　아니에요. いえいえ。

③ 안녕히 가세요. さようなら。 （去っていく人に対して）

④ 안녕히 계세요. さようなら。 （その場に残る人に対して）

⑤ 여보세요. もしもし。

　　네, 여보세요. はい, もしもし。

第3課

文字と発音（3）

3 - 1   パッチム（1）パッチムと終声

・ハングルの1文字（＝1音節）の基本構造は，子音字と母音字が1つ
　ずつ合わさってできている形。また，文字の下に1つまたは2つの子音
　字が来て，できている文字がある。この最後の子音字のことを「パッ
　チム」という。「パッチム」は「支えるもの」という意味。

子音字	母音字
パッチム	

例 감, 삶

子音字
母音字
パッチム

例 군, 흙

・ 終声とパッチム

文字：　　ㄱ　＋　ㅏ　＋　ㅁ　＝　감(柿)

　　　　　　　　　　　　　　パッチム

音　：　[k]　　　　[a]　　　[m]　＝　[kam]

　　　　初声　　　中声　　終声

パッチム（2）鼻音と流音

ㄴ [n] 舌先を上の歯茎につけて鼻から息を抜く。

ㅁ [m] 唇を閉じて鼻から息を抜く。

ㅇ [ŋ] 「ング」の音を発音するつもりで「グ」は発音しない。

ㄹ [l] 舌先の上の歯茎の少し後ろにつけてその両脇から息を抜く。

終声の種類	字母	日本語で似た音	例
鼻音	ㄴ [n]	［オンナ］，［アンナイ］	눈(目), 산(山)
	ㅁ [m]	［サンマ］，［ガンバル］	밤(栗), 몸(体)
	ㅇ [ŋ]	［ハンコ］，［アンコ］	강(川), 상(賞)
流音	ㄹ [l]		물(水), 술(お酒)

• 下線部の発音に注意して読んでみましょう。

　①あんない　　　②あんぱんまん　　　③あんこ

《練習１》パッチム「ㄴ，ㅁ，ㅇ，ㄹ」を区別して発音してみましょう。また，聞き分けてみましょう。　　　🎧 3-1

1) ①손　　　②솜　　　③송　　　④솔

2) ①군　　　②굼　　　③궁　　　④굴

3) ①반　　　②밤　　　③방　　　④발

4) ①전　　　②점　　　③정　　　④절

《練習２》次の語句を発音してみましょう。　　　🎧 3-2

1) 얼마 いくら　　2) 계산 計算　　3) 고향 故郷

4) 이름 名前　　5) 메일 メール　　6) 점심 昼食

7) 냉면 冷麺　　8) 동생 弟・妹　　9) 정말 本当に

10) 건물 建物　　　　　11) 신문 新聞

12) 화장실 トイレ　　　13) 연필 鉛筆

14) 볼펜 ボールペン　　15) 선생님 先生

《練習3》音声を聞いて，発音された方を選んでみましょう。 🎧 3-3

1) ①돈　　②돌　　　　2) ①상　　②살

3) ①난　　②남　　　　4) ①사랑　　②사람

5) ①마음　②마을　　　6) ①사전　　②사정

子音「ㄱ, ㄷ, ㅂ, ㅈ」は，パッチム「ㄴ, ㅁ, ㅇ, ㄹ」の後でも有声音化される。

친구　[ʧhingu]　友だち　　　　　감자　[kamdʒa]　じゃがいも
붕대　[puŋdɛ]　包帯　　　　　　일본　[ilbon]　日本

《練習４》次の語句を発音してみましょう。　🎧 3-4

1) 알다 知る　　　2) 갈비 カルビ　　　3) 불고기 プルゴギ

4) 인간 人間　　　5) 감기 風邪　　　　6) 통보 通報

7) 남자 男　　　　8) 신발 履物　　　　9) 운동장 運動場

10) 한강 漢江　　11) 농담 冗談

12) 자전거 自転車

《練習５》音声を聞いて，発音された語句を書いてみましょう。🎧 3-5

1) (　　　　　　　　)　　　2) (　　　　　　　　)

3) (　　　　　　　　)　　　4) (　　　　　　　　)

5) (　　　　　　　　)　　　6) (　　　　　　　　)

パッチム（3）内破音

ㄱ [k] 舌の後ろの方を上あごに持ち上げてしっかり息を止める。

ㄷ [t] 舌先を上の歯茎につけてしっかり息を止める。

ㅂ [p] 唇を閉じてしっかり息を止める。

終声の種類	字母	日本語で似た音	例
内破音	ㄱ [k]	［サッカー］ ［ガッコウ］	국(汁，スープ)，녹차(緑茶)
	ㄷ [t]	［ヤッタ］	낟((穀物の粒)，받침(パッチム)
	ㅂ [p]	［アッパク］	밥(ご飯)，일곱(七つ)

《練習6》次の語句を発音してみましょう。　🎧 3-6

1）책　本　　　　2）곧　すぐに　　　3）집　家

4）가족　家族　　5）받쳐　支えて　　6）법　法律

パッチム（4）終声規則と濃音化

（1）終声規則

- パッチムとして使われる子音字は27種類あるが，その発音としての「終声」は7種類しかない。

終声の種類		1文字のパッチム	2文字のパッチム
内破音	[ᵏ]	ㄱ，ㅋ，ㄲ	ㄳ，ㄺ
	[ᵗ]	ㄷ，ㅌ，ㅅ，ㅆ，ㅈ，ㅊ，ㅎ	
	[ᵖ]	ㅂ，ㅍ	ㅄ，ㄿ
鼻音	[n]	ㄴ	ㄵ，ㄶ
	[m]	ㅁ	ㄻ
	[ŋ]	ㅇ	
流音	[l]	ㄹ	ㄼ，ㄽ，ㄾ，ㅀ

注 意

子音字のうち「ㄸ，ㅃ，ㅉ」はパッチムとして使われない。

（2）濃音化

- 終声規則により［ᵏ］，［ᵗ］，［ᵖ］で発音されるパッチムの後に「ㄱ，ㄷ，ㅂ，ㅅ，ㅈ」が続くと，「ㄱ，ㄷ，ㅂ，ㅅ，ㅈ」はそれぞれ濃音「ㄲ，ㄸ，ㅃ，ㅆ，ㅉ」で発音される。

（3）複パッチム（2文字のパッチム）

- 複パッチム（2文字のパッチム）は，後ろに母音が続く場合を除き，どちらか一方だけを読む。通常は左の文字を読むが，「ㄺ，ㄻ，ㄿ」は右を読む。
- *「ㄼ」は単語によって両方ある。 **例** 여덟［여덜］，밟다［밥따］

《練習7》次の語句を発音してみましょう。　🎧 3-7

1) 부엌 台所　　　2) 안팎 内外　　　3) 옷　服

4) 밑　下　　　　5) 다섯 五つ　　　6) 벚꽃 桜

7) 숲　森　　　　8) 앞　前　　　　9) 옆　横・隣

《練習8》次の語句を発音してみましょう。　🎧 3-8

1) 악기 楽器　　　　2) 학생 学生　　　　3) 맥주 ビール

4) 받다 受け取る　　5) 싣고 載せて　　　6) 걷지만 歩くが

7) 잡지 雑誌　　　　8) 입구 入口　　　　9) 밥도 ご飯も

10) 밖도 外も　　　 11) 부엌도 台所も　 12) 늦잠 朝寝坊

13) 있다 ある・いる　14) 높고 高くて　　 15) 옆집 隣家

《練習9》次の語句を発音してみましょう。　🎧 3-9

1) 값 値段　　　　　2) 삯 労賃　　　　3) 닭 鶏

4) 앉는 座る（連体形）5) 여덟 八つ　　　6) 삶 命

7) 없지만 ないが　　 8) 흙도 土も　　　9) 읊다 読む・詠ずる

（1）パッチムの後に母音が続くと，そのパッチムは後の母音と結合して一緒に発音される。

例 일본어［일보너］（日本語），삼월［사뭘］（3月），옷이［오시］（洋服が），밑에［미테］（下に），밖에서［바께서］（外で）

注 意

1) パッチム「ㅇ」は連音化しないことに注意！パッチム「ㅇ」に母音が続く場合は，鼻濁音のように発音される。

例 종이［tʃoŋi］（紙）

2) パッチム「ㅎ」は母音が続くと，脱落するので発音されない。詳細は5課参照。

（2）パッチム「ㄱ,ㄷ,ㅂ,ㅈ」＋母音：有声音化にも注意

例 미국에［미구게］（アメリカへ），수업을［수어블］（授業を），받아［바다］（もらって），낮에［나제］（昼に）

（3）複パッチム＋母音：どちらも発音する。

例 앉아요［안자요］（座ります），읽으세요［일그세요］（お読みください）

《練習10》次の語句を発音してみましょう。 🎧 3-10

1) 산에 山に　　　 2) 놀아요 遊びます 3) 금요일 金曜日

4) 이것이 これが 　5) 꽃이 花が 　　　6) 부엌에서 台所で

7) 같아요 同じです 8) 앞에 前に 　　　9) 했어요 しました

10) 닦아요 磨きます 11) 고양이 猫 　　12) 방에 部屋に

《練習 11》次の語句を発音してみましょう。　🎧 3-11

1) 책이　本が
2) 학원　塾
3) 먹어요　食べます
4) 닫아요　閉めます
5) 얻은　得た（連体形)
6) 받으세요　受け取ってください
7) 입을　口を
8) 집에　家に
9) 입어요　着ます
10) 빚이　借金が
11) 낮아요　低いです
12) 찾으세요　お探しください

《練習 12》次の語句を発音してみましょう。　🎧 3-12

1) 젊어요　若いです
2) 핥아요　舐めます
3) 넓어요　広いです
4) 맑아요　晴れます
5) 없어요　ないです
6) 넋을　魂を
7) 닮았어요　似ています

　仮名のハングル表記

① 「ア段，イ段，ウ段，エ段，オ段」はそれぞれ「ㅏ，ㅣ，ㅜ，ㅔ，ㅗ」で表記する。ただし，「ス，ズ」は特別に「ㅡ」を用いて「스，즈」と書く。

② ヤ行については「ㅑ，ㅠ，ㅛ」を用いるが，チャ行（ジャ行）は「ㅑ，ㅜ，ㅗ」を使う。

③ 語頭の清音「カ行，タ行，パ行，チャ行」はそれぞれ「ㄱ，ㄷ，ㅍ，ㅈ」で表記する。「パ行→ㅍ」に注意。

④ 語頭の「ガ行，ダ行，バ行，ジャ行」は「ㄱ，ㄷ，ㅂ，ㅈ」で表記する。韓国語は語頭に濁音が現れないので語頭の濁音を表記する文字はない。

⑤ 語中の「カ行，タ行，パ行，チャ行」は激音の「ㅋ，ㅌ，ㅍ，ㅊ」で表記する。

⑥ 語中の「ガ行，ダ行，バ行，ジャ行」は有声音化を利用して「ㄱ，ㄷ，ㅂ，ㅈ」で表記する。

⑦ 次の仮名の表記に注意。
チ→지（語中の清音は치），ヂ→지，ツ→쓰（語中の清音も쓰），
ヅ→즈

⑧ 「ㅅ」は有声音化しないので，「ザ，ジ，ズ，ゼ，ゾ」は表記できない。近い音をあてて「ザ→자，ジ→지，ズ→즈，ゼ→제，ゾ→조」と書く。

⑨ 長母音は表記しないのが原則であるが，書いても構わない。表記する場合は直前の母音と同じ母音を使う。ただし，「エー」は「ㅔ이」と書く。

　　例 佐藤→ 사토　または 사토오，사토우（✕）

⑩ 「ン」は，パッチムの「ㄴ」で表記する。

⑪ 「ッ」は，パッチムの「ㅅ」で表記する。その後ろは激音で書く。

《練習13》次の地名をハングルで表記してみましょう。

1) 仙台 　　　2) 東京 　　　3) 秋田

4) 名古屋 　　5) 大阪 　　　6) 札幌

7) 盛岡 　　　8) 新潟 　　　9) 宮崎

《練習14》自分の名前や故郷をハングルで表記してみましょう。

・名前：

・故郷：

★ 発音された語句を探して，線で囲んでみましょう。
（縦，横，斜め方向にすること。逆方向は不可能。）　🎧 3-13

의	사	과	자	취	미	인
자	냉	장	고	소	식	당
전	동	물	진	국	밥	구
거	생	가	짜	적	사	전
의	위	찌	개	리	진	랑

★ 選んだ語句を（　　　）に書きましょう。

1) (　　　　　　　)　　　　2) (　　　　　　　)
3) (　　　　　　　)　　　　4) (　　　　　　　)
5) (　　　　　　　)　　　　6) (　　　　　　　)
7) (　　　　　　　)　　　　8) (　　　　　　　)
9) (　　　　　　　)　　　　10) (　　　　　　　)

🎧 3-14

あいさつ（3）

① 오래간만이에요.　お久しぶりです。
　 네, 오래간만이에요.　はい，お久しぶりです。
② 반가워요.　（お会いできて）うれしいです。
③ 미안해요.　すみません。
　 아니에요.　いえいえ。
④ 죄송합니다.　申し訳ありません。
　 괜찮아요.　大丈夫です。心配いりません。

仮名のハングル表記

仮名	ハングル
あ い う え お	아 이 우 에 오
か き く け こ	(語頭) 가 기 구 게 고 (語中・語末) 카 키 쿠 케 코
さ し す せ そ	사 시 스 세 소
た ち つ て と	(語頭) 다 지 쓰 데 도 (語中・語末) 타 치 쓰 테 토
な に ぬ ね の	나 니 누 네 노
は ひ ふ へ ほ	하 히 후 헤 호
ま み む め も	마 미 무 메 모
や ゆ よ	야 유 요
ら り る れ ろ	라 리 루 레 로
わ を	와 오
ん っ	ㄴ(パッチム) ㅅ(パッチム)
が ぎ ぐ げ ご	가 기 구 게 고
ざ じ ず ぜ ぞ	자 지 즈 제 조
だ ぢ づ で ど	다 지 즈 데 도
ば び ぶ べ ぼ	바 비 부 베 보
ぱ ぴ ぷ ぺ ぽ	파 피 푸 페 포
きゃ きゅ きょ	(語頭) 갸 규 교 (語中・語末) 캬 큐 쿄
ぎゃ ぎゅ ぎょ	갸 규 교
しゃ しゅ しょ	샤 슈 쇼
じゃ じゅ じょ	자 주 조
ちゃ ちゅ ちょ	(語頭) 자 주 조 (語中・語末) 차 추 초
ひゃ ひゅ ひょ	햐 휴 효
びゃ びゅ びょ	뱌 뷰 뵤
ぴゃ ぴゅ ぴょ	퍄 퓨 표
みゃ みゅ みょ	먀 뮤 묘
りゃ りゅ りょ	랴 류 료

第4課

自己紹介

第4課 自己紹介

目標

- 簡単な自己紹介ができる。
- 基本的な挨拶ができる。

会話本文

メイの紹介で野村さんとイ・スヨンさんが始めて会った。　🎧 4-1

노무라 :　안녕하세요? 저는 노무라 히로키입니다.

이수연 :　처음 뵙겠습니다. 이수연이라고 합니다.

　　　　　메이 친구입니다.

노무라 :　만나서 반갑습니다.

　　　　　앞으로 잘 부탁 드립니다.

이수연 :　네, 저도 잘 부탁 드립니다.

노무라 :　이수연 씨는 전공이 일본어입니까?

이수연 :　아뇨, 제 전공은 일본 문학입니다.

発音

- 입니다 [임니다]　鼻音化
- 뵙겠습니다 [뵙께씀니다]　濃音化，鼻音化
- 이수연이라고 [이수여니라고]　連音化
- 합니다 [함니다]　鼻音化
- 반갑습니다 [반갑씀니다]　濃音化，鼻音化
- 앞으로 [아프로]　連音化
- 드립니다 [드림니다]　鼻音化
- 일본어입니까 [일보너임니까]　連音化，鼻音化
- 문학입니다 [무나김니다]　ㅎの弱化，連音化，鼻音化

語句

- 저　私，わたくし
- 처음　뵙겠습니다.　はじめまして。
- 名前 (이)라고 합니다.　～と申します。

- 친구〔親旧〕友達
- 만나서 반갑습니다.　お会いできてうれしいです。
- 앞으로 잘 부탁 드립니다.　これからよろしくお願いいたします。
- 네 はいの意味,「예」ともいう。
- ～씨 ～さん

注 意

「～씨」は目上の人には使わない。また「이 씨, 김 씨」のような言い方は, 相手を見下す印象を与える。「이수진 씨, 김민호 씨」のようにフルネームにつけるのがよい。親しみを持って使う場合は, 名前だけにつけて「수진 씨, 민호 씨」と呼ぶこともある。

- 전공 専攻
- 일본어　日本語
- 아니요 いいえの意味, 会話では縮約形の「아뇨」をよく使う。
- 제 私の, わたくしの
- 일본 문학　日本文学

※ 語句の表記に使われる記号
① 〔 〕：発音を表記する。例）합니다〔합니다〕
② ＿：日本語と漢字が同じ場合は, 下線を引いて表記する。例）일본어 日本語
③〔 〕：日本語と漢字が異なる場合は, 〔〕を使って韓国語の漢字を表記する。例）친구〔親旧〕友達

基本語句 1　🎧 4-3

1．国・地域

일본 <u>日本</u>　　　　한국 <u>韓国</u>　　　　중국 <u>中国</u>

미국 <u>美国</u>, アメリカ　영국 <u>英国</u>, イギリス　북한〔北韓〕北朝鮮

2．出身地・地域を現す表現

일본 사람 日本人　　　　한국 사람 韓国人

중국 사람 中国人　　　　미국 사람 アメリカ人

영국 사람 イギリス人

3．職業・身分

학생 <u>学生</u>　　　　선생님〔先生-〕先生 cf. 교사 <u>教師</u>

회사원 <u>会社員</u>

공무원 <u>公務員</u>　　　주부 <u>主婦</u>　　　　야구 선수 <u>野球選手</u>

의사〔医師〕医者　가수 <u>歌手</u>　　　　배우 <u>俳優</u>

4．基本用言（1）

가다 行く　　　　　보다 見る　　　　　　　만나다 会う

사다 買う　　　　　먹다 食べる　　　　　　읽다 読む

하다 する, 言う　　공부하다〔工夫-〕勉強する　살다 住む, 暮らす

알다 知る, わかる　크다 大きい　　　　　　작다 小さい

싸다 (値段が) 安い　비싸다 (値段が) 高い　　같다 同じだ

5．その他

이름 名前	취미 <u>趣味</u>	전공 <u>専攻</u>
고향 <u>故郷</u>	집 家	네・예 はい
아니요・아뇨 いいえ	저 私, わたくし	제 私の, わたくしの
이 この	그 その	저 あの
어느 どの	나라 国	사람 人

6．初対面の挨拶

① A: 처음 뵙겠습니다.　하지메마시테.
　　B: 네, 안녕하세요?　はい, こんにちは。（はじめまして）
② （만나서） 반갑습니다.　（お会いできて）うれしいです。
　　（만나서） 반가워요.　（お会いできて）うれしいです。
③ （앞으로） 잘 부탁 드립니다.　（これから）よろしくお願いします。
　　（앞으로） 잘 부탁 드려요.　（これから）よろしくお願いします。

文法および表現1

・합니다体　～(스)ㅂ니다 ～ます，～です
・～입니다（体言につけて）～です
・～는/은 ～は
・～가/이 ～が
・～도 ～も

4-4

4 - 1 　鼻音化

終声規則により「ㄱ，ㄷ，ㅂ」と発音されるパッチムの後に，「ㄴ」または「ㅁ」が続くと，/ㄱ/,/ㄷ/,/ㅂ/はそれぞれ鼻音/ㅇ/,/ㄴ/,/ㅁ/で発音される。これを鼻音化という。

例　국민 [궁민], 받는 [반는], 합니다 [함니다], 몇 마리 [면마리], 짚만 [짐만]

《練習 1》 次の語句を発音してみましょう。

1）작년 昨年　　　　　　　　2）부엌만 台所だけ

3）읽는 読む（連体形）　　　4）받는 受け取る（連体形）

5）있는 ある（連体形）　　　6）몇 명 何人

7）갑니다 行きます　　　　　8）앞만 前だけ

9）없는 ない（連体形）

4 - 2 　ㅎの弱化

4-5

パッチム「ㄴ，ㅁ，ㅇ，ㄹ」にㅎが続くと，ㅎの音が弱くなって消えたように聞こえる。パッチム「ㅇ」に続くㅎは，発音が聞こえることもある。

例　은행 [으냉], 감행 [가맹], 결혼 [겨론]

《練習2》次の語句を発音してみましょう。

1) 전화 電話　　　2) 문화 文化　　3) 신호 信号

4) 삼호실 三号室　　5) 암호 暗号　　6) 잘하다 上手だ

7) 일학년 1年生　　　　　8) 영화 映画

9) 광화문 光化門（地名）

4 - 3　합니다体（ハムニダ体）

（1）韓国語の用言

・用言：文の述語になり得る単語で，韓国語の用言は動詞，形容詞，存在
　　　　詞，指定詞の４つがある。用言の基本形（辞書に載っている形）
　　　　はすべて［다］で終わる。
① 動詞：가다(行く)，먹다(食べる)
② 形容詞：싸다(安い)，같다(同じだ)
③ 存在詞：있다(ある・いる)，없다(ない・いない)
④ 指定詞：이다(～だ)，아니다(～でない)

（2）語幹と語尾

・語幹：基本形(辞書形)から「-다」を取り除いた部分。
　① 母音語幹：가다(行く)，　싸다（安い）
　② 子音語幹：먹다(食べる)，　같다(同じだ)
　③ ㄹ(리을)語幹：놀다(遊ぶ)，　멀다(遠い)

・語尾：語幹について様々な文法的な意味を表す部分。
　例　먹(食べ) +　습니다(-ます)

　　　먹(食べ) +　습니까(-ますか)

　　　먹(食べ) +　읍시다(-ましょう)

・活用：用言の語幹に様々な語尾がついて，その用言や文の意味が変わっていくことを活用という。

먹（食べ）　　　＋　　　습니다（ます）
　　語幹　　　　　　　　　　語尾
（単語の語彙的な意味）　（単語の文法的な意味）

（3）합니다体（ハムニダ体）

🎧 4-6

・日本語の「～です/ます」に当たる丁寧な文末語尾。

・합니다体の作り方

語幹	平叙形	疑問形	例
母音語幹	語幹 ㅂ니다	語幹 ㅂ니까	가다(行く)→ 갑니다/갑니까
子音語幹	語幹 습니다	語幹 습니까	먹다(食べる)→ 먹습니다/먹습니까
ㄹ語幹	語幹 ㅂ니다 (★ㄹは脱落)	語幹 ㅂ니까 (★ㄹは脱落)	살다(住む)→ 삽니다/삽니까

《練習３》次の用言を합니다体の平叙形と疑問形に活用させましょう。

1）보다 見る　　　2）만나다 会う　　　3）비싸다（値段が）高い

4）사다 買う　　　5）하다 する　　　　6）이다 ～だ

7）크다 大きい　　8）싸다（値段が）安い 9）같다 同じだ

10）작다 小さい　11）읽다 読む　　　12）괜찮다 大丈夫だ

13）멀다 遠い　　14）놀다 遊ぶ　　　15）알다 知る・わかる

《練習４》次の用言の活用形を基本形（辞書形）に戻し，意味を調べてみましょう。

1) 받습니다
2) 입습니다
3) 적습니까
4) 공부합니다
5) 쌉니까
6) 있습니까
7) 만듭니다
8) 옵니다
9) 팝니다
10) 깁니다

注 意

「ㅂ니다/ㅂ니까」がついている場合は，基本形に戻す際，母音語幹とㄹ語幹の２通りの可能性があるので，注意すること。

4 - 4 〜입니다/〜입니까 4-7

・体言に続けて「〜です/〜ですか」の意味を表す。指定詞「이다（〜だ）」の합니다体

例 학생+입니다 → 학생입니다.（学生です。）

언제+입니까 → 언제입니까?（いつですか。）

《練習５》次の語句に「- 입니다」または「- 입니까」をつけて，言ってみましょう。

1) 한국 韓国
2) 한국 사람 韓国人
3) 회사원 会社員
4) 어디 どこ
5) 무엇 何
6) 누구 誰

～는/은 🎧 4-8

- 日本語の「～は」に当たる助詞。主に，ある出来事の主題を表す。
- 母音で終わる体言には「는」をつけ，子音で終わる体言には「은」を
  つける。連音化に注意。

  例　저 + 는 → 저는（私は），선생님 + 은 → 선생님은（先生は）

《練習6》次の語句に助詞「- 는 / 은」をつけて，言ってみましょう。

1) 친구 友だち　　2) 의사 医者　　3) 일본 사람 日本人
4) 미국 アメリカ　5) 한국 韓国　　6) 전공 専攻

～가/이 🎧 4-9

- 日本語の「～が」に当たる助詞。主に，ある出来事の主体を表す。
- 母音で終わる体言には「가」をつけ，子音で終わる体言には「이」を
  つける。連音化に注意。

  例　여기 + 가 → 여기가（ここが），이름 + 이 → 이름이（名前が）

注 意

いきなり何かを尋ねるときや新しい話題を言い出すときなどにおいて，日本語では
「は」がつくものの一部が韓国語では「-가/이」となることがある。

  例　이름이 무엇입니까? 名前は何ですか。　이것이 무엇입니까? これは何ですか。

  여기가 어디입니까? ここはどこですか。　오늘이 며칠입니까? 今日は何日ですか。

《練習7》次の語句に助詞「- 가 / 이」をつけて，言ってみましょう。

1) 주부 主婦　　2) 기자 記者　　3) 취미 趣味
4) 이름 名前　　5) 영국 イギリス　6) 고향 故郷

- 日本語の「～も」に当たる助詞。
- 母音で終わるか子音で終わるかに関係なく，常に「도」がつく。

> **例**　아이 + 도 → 아이도（子供も），학생 + 도 → 학생도（学生も）

《練習 8》次の語句に助詞「- 도」をつけて，言ってみましょう。

1) 가수 歌手　　2) 어머니 お母さん　　3) 그 사람 その人

4) 일본 日本　　5) 중국 中国　　6) 집 家

表現練習

《練習 1》例にならって文を作ってみましょう。

> **例**　야마다 히데오 → 제 이름은 야마다 히데오입니다.

1) 이민정　　　　　　　　2) 왕 웨이

3) 다니엘 린데만　　　　　4) 수잔 베이커

《練習 2》例にならって文を作ってみましょう。

> **例**　야구 선수 → 저는 야구 선수입니다.

1) 주부　　　　　　　　　2) 공무원

3) 의사　　　　　　　　　4) 대학생(大学生)

《練習 3》例にならって a, b に語句を入れて，文を作ってみましょう。

> **例**　_____a_____는/은_____b_____입니다.
>
> 　　a. 야마다 씨　b. 일본 사람 → 야마다 씨는 일본 사람입니다.

1) a. 저 b. 한국 사람

2) a. 이 학생 b. 중국 사람

3) a. 그 선생님 b. 독일(ドイツ) 사람

4) a. 저 배우 b. 미국 사람

《練習４》例にならって a, b に語句を入れて，会話を完成させましょう。

例 A:＿＿＿a＿＿＿입니까?   B:＿＿＿＿b＿＿＿입니다.

例 a. 다나카 씨는 학생이다   b. 네, 학생이다 →

A: 다나카 씨는 학생입니까? B: 네, 학생입니다.

1) a. 리 준 씨는 중국 사람이다 b. 네, 중국 사람이다

2) a. 친구는 회사원이다 b. 아뇨, 학생이다

3) a. 이 사람이 야마다 씨이다 b. 예, 이 사람이 야마다 씨이다

4) a. 전공이 어학(語学)이다 b. 아니요, 문학(文学)이다

《練習５》例にならって a〜c に語句を入れて，会話を完成させましょう。

例 A:＿＿＿a＿＿＿가/이 ＿＿＿b＿＿＿입니까? B:＿＿＿c＿＿＿입니다.

a. 이름 b. 무엇 c. 야노 미호→ A: 이름이 무엇입니까?

B: 야노 미호입니다.

1) a. 고향 b. 어디(どこ) c. 센다이

2) a. 집 b. 어디 c. 나가마치

3) a. 취미 b. 무엇(何) c. 음악 듣기(音楽を聴くこと)

4) a. 이 사람 b. 누구(誰) c. 김미연 씨

★ 課題1 ＜話す＞

例にならって友人を紹介してみましょう。

이름	국적(国籍)	직업(職業・身分)	고향
例 야마다 히데오	일본 사람	대학생(大学生)	후쿠오카
1) 이민정	한국 사람	요리사(調理師)	부산
2) 왕 웨이	중국 사람	회사원	상하이
3) 수잔 톰슨	미국 사람	기자(記者)	플로리다
4) 세르게이 블라드미르	러시아 사람	의사	모스크바

例 제 친구 이름은 야마다 히데오입니다.
　私の友だちの名前は山田秀雄です。

일본 사람입니다.　日本人です。

야마다 씨는 대학생입니다.　山田さんは大学生です。

고향은 후쿠오카입니다.　故郷は福岡です。

★ 課題2 ＜読む・書く＞

例にならって自己紹介文を書いてみましょう。

> 안녕하세요?　こんにちは。
>
> 처음 뵙겠습니다.　はじめまして。
>
> 우메다 리에입니다.　梅田理恵です。
>
> 만나서 반갑습니다.　お会いできてうれしいです。
>
> 저는 도호쿠가쿠인대학 국제학부 일학년 학생입니다.
>
> 私は東北学院大学国際学部の1年生の学生です。

고향은 야마가타입니다.　故郷は山形です。

지금은 센다이 아오바구에 삽니다. 今は仙台の青葉区に住んでいます。

앞으로 잘 부탁 드립니다.　これからよろしくお願いします。

〔語句〕도호쿠가쿠인대학・동북학원대학　東北学院大学

　　　　국제학부　国際学部

　　　　cf. 문학부(文学部)，경제학부(経済学部)，

　　　　공학부(工学部)，법학부(法学部)，…

　　　　일학년　１年生

　　　　cf. 이학년　２年生，삼학년　３年生，사학년　４年生

　　　　〜에　살다　〜に住む

《参考》일어일문학과(日語日文学科)，역사학과(歴史学科)，경제학과
　　　　(経済学科)，컴퓨터공학과(コンピューター工学科)，국제교양학
　　　　과(国際教養学科) …

★ 課題3 ＜聞く＞

1. 音声を聞いて正しい返答を選びましょう。　🎧 4-11

1)	① 아뇨, 일본 사람입니다.
	② 아뇨, 학교(学校) 선생님입니다.
	③ 네, 학생입니다.
2)	① 네, 처음 뵙겠습니다.
	② 안녕히 가세요.
	③ 감사합니다.
3)	① 저는 주부입니다.
	② 고향은 히로시마입니다.
	③ 나가마치입니다.

2．次の王・ジへさんと田中さんの会話を聞いて，内容と合っていれば〇，
　　間違っていれば×をつけましょう。　　　　　　　　　🎧 4-12

〔語句〕죄송합니다 申し訳ありません，괜찮다 大丈夫だ

1) 王・ジへさんと田中さんは今日，初対面である。　　（　　　　　）
2) 王・ジへさんは中国人である。　　　　　　　　　　（　　　　　）
3) 王・ジへさんと田中さんは同じ学部の学生である。　（　　　　　）
4) 王・ジへさんと田中さんは2人とも1年生である。　（　　　　　）

第5課

位置

第5課 位置

目標

・ものや場所の位置を表すことができる。

会話本文

🎧 5-1

이수연 :　메이 씨는 어디에 살아요?

슈메이 :　저는 기숙사에 살아요.

이수연 :　기숙사 방은 좋아요?

슈메이 :　네, 좋아요. 침대하고 책상하고 옷장이 있어요.

　　　　　수연 씨는 어디에 살아요?

이수연 :　저는 학교 앞 원룸에 살아요.

　　　　　집 근처에 약국하고 편의점이 있어요.

슈메이 :　기숙사 근처에는 편의점이 없어요.

　　　　　그리고 역도 조금 멀어요.

発音

🎧 5-2

- 살아요 [사라요]　連音化
- 좋아요 [조아요]　ㅎの脱落
- 있어요 [이써요]　連音化
- 원룸 [원눔]　特殊な音変化
- 약국하고 [약꾸카고]　濃音化, 激音化
- 편의점이 [펴니저미]　連音化
- 없어요 [업써요]　連音化, 濃音化
- 역도 [역또]　濃音化
- 멀어요 [머러요]　連音化

語句

- 어디　どこ
- 기숙사 寮, 寄宿舍
- 침대〔寝台〕ベッド
- 책상〔冊床〕机
- 옷장〔–欌〕洋服ダンス, クローゼット
- 원룸 [원눔] ワンルーム
- 그리고　そして, それから
- 역 駅
- 조금　少し

基本語句2

🎧 5-3

1. もの名詞（1）

옷 服	가방 カバン	지갑 財布
책〔冊〕本	사전 辞典, 辞書	교과서 教科書
신문 新聞	시계 時計	사진 写真
돈 お金	책상〔冊床〕机	의자 椅子
휴대폰 携帯電話	컴퓨터 パソコン	텔레비전/티비 テレビ

2. 場所名詞

학교 学校	교실 教室	회사 会社
도서관 図書館	화장실 化粧室, トイレ	방〔房〕部屋
식당・음식점 食堂, 飲食店	커피숍・카페 喫茶店, カフェ	
서점 書店	극장 映画館, 劇場	
약국 薬局, ドラックストア	병원 病院	
은행 銀行	우체국〔郵遞局〕郵便局	
미용실 美容室	공원 公園	
편의점〔便宜店〕コンビニ	백화점 百貨店, デパート	

3. 位置名詞

앞 前	뒤 後	옆 横, 隣, そば
위 上	아래 下	밑 下
안 中	속 中, 奥	밖 外

근처 〔近処〕 近所	사이 間	가운데 真ん中
맞은편 〔-便〕 向かい側	오른쪽 右, 右側	왼쪽 左, 左側

4. 基本用言（2）

받다 もらう, 受け取る	입다 着る, はく	만들다 作る
놀다 遊ぶ	팔다 売る	멀다 遠い
좋다 いい	싫다 嫌だ	많다 多い
적다 少ない	괜찮다 大丈夫だ	

5. その他

시간 時間	친구 〔親旧〕 友だち	약속 約束
나무 木	꽃 花	개 犬
고양이 猫		

文法および表現2

- 해요体(1) 〜아/어요 〜ます, 〜です
- 存在詞 있다 (ある・いる), 없다 (ない・いない)
- 〜에(1) 〜に, 〜へ (所在, 到達点, 時)
- 〜를/을 〜を
- 〜하고, 〜와/과 〜と

5 - 1 激音化 🎧 5-4

- 終声規則により「ㄱ，ㄷ，ㅂ」と発音されるパッチムの後に「ㅎ」が続くと，両者が融合して激音「ㅋ，ㅌ，ㅍ」で発音される。

    例　착해요［차캐요］，밥하고［바파고］，낮하고［나타고］

- パッチム「ㅎ，ㄶ，ㅀ」 ＋ 「ㄱ，ㄷ，ㅈ」 → 激音化

    例　그렇게［그러케］，싫지［실치］

《練習１》次の語句を発音してみましょう。

1) 익숙하다 慣れている　2) 밖하고 外と　3) 따뜻해요 暖かい

4) 못해요 できません　5) 잡히다 捕まる　6) 숲하고 森と

7) 놓다 置く　　　　　8) 잃고 なくして

9) 많던 多かった（連体形）

5 - 2 ㅎの脱落 🎧 5-5

パッチム「ㅎ，ㄶ，ㅀ」の後に母音が続くと，ㅎは脱落して発音されない。

例　놓아요［노아요］，많이［마니］

《練習２》次の語句を発音してみましょう。

1) 좋아요 いいです 2) 넣은 入れた（連体形） 3) 많아요 多いです

4) 싫어요 嫌です　5) 괜찮아요 大丈夫です　6) 앓아서 病んで

5 - 3 　해요체（1）

（1）합니다体と해요体

・韓国語には丁寧な言い方を表す文末語尾が2種類ある。日本語の「-です/ます」に該当する。

① 합니다体：格式ばった丁寧体。 会議や討論，面接などフォーマルな場で使用される。
平叙形：먹(食べ)＋습니다.（ます）
疑問形：먹(食べ)＋습니까?（ますか）

② 해요体：うちとけた丁寧体。日常会話で用いられる。
平叙形：먹(食べ)＋어요.（ます）
疑問形：먹(食べ)＋어요?（ますか）

（2）陽語幹と陰語幹

① 陽語幹： 語幹末母音字が「ㅏ，ㅗ，ㅑ，ㅛ，ㅘ」である語幹
　例 살다(住む)，녹다(溶ける)，얇다(薄い)

② 陰語幹： 陽語幹以外のすべての語幹
　例 먹다(食べる)，길다(長い)，없다(ない・いない)

③ 하語幹： 語幹の最後が「하」である語幹
　例 하다(する)，공부하다(勉強する)，건강하다(健康だ)

（3）해요体の作り方

 5-6

・陽語幹には「아요」をつけ，陰語幹には「어요」をつける。하語幹の場合は「여요」がつくが，主に縮約形の「해요」の方が用いられる。

・해요体は平叙，疑問，命令，勧誘の形が同じ。イントネーションや文脈で区別する。

語幹	平叙形	疑問形	例
陽語幹	語幹아요	語幹아요	살다(住む) → 살아요
陰語幹	語幹어요	語幹어요	있다(ある・いる) → 있어요
하語幹	語幹여요	語幹여요	하다(する) → 하여요 → 해요

例 날씨가 좋아요. （天気がいいです。）

약속이 없어요. （約束がありません。）

친구는 공부해요. （友だちは勉強しています。）

《練習3》次の用言を해요体の平叙形に活用させましょう。

1) 팔다 売る

2) 알다 知る・わかる

3) 작다 小さい

4) 받다 もらう・受け取る

5) 놀다 遊ぶ

6) 괜찮다 大丈夫だ

7) 먹다 食べる

8) 입다 着る・はく

9) 읽다 読む

10) 만들다 作る

11) 좋다 いい

12) 싫다 嫌いだ

13) 적다 少ない

14) 많다 多い

15) 노래하다 歌う

16) 공부하다 勉強する

《練習4》次の用言の活用形を原型（辞書形）に戻し，意味を調べてみましょう。

1) 녹아요

2) 만들어요

3) 신어요

4) 달아요

5) 얇아요

6) 좋아해요

7) 길어요

8) 같아요

9) 쉬어요

10) 유명해요

5 - 4　存在詞 있다, 없다 5-7

・存在詞：있다(ある・いる), 없다(ない・いない)

	あります います	ありますか いますか	ありません いません	ありませんか いませんか
합니다体	있습니다	있습니까	없습니다	없습니까
해요体	있어요	있어요	없어요	없어요

例 교과서는 집에 있어요. （教科書は家にあります。）

　　저는 돈이 없습니다. （私はお金がありません。）

注 意

1) 韓国語では「ある, いる」, 「ない, いない」の区別はない。

2) 「맛있다(おいしい), 맛없다(おいしくない), 재미있다(面白い), 재미없다(面白くない)」など, 있다,없다で終わっている用言はすべて存在詞扱いとなる。

5 - 5　～에（1） 5-8

・所在や到達点, 時の意味を表す助詞。日本語の「～に・へ」に当たる。

・母音で終わるか子音で終わるかに関係なく常に「에」をつける。

（1）所在：あるものが存在する場所や位置を表す。

例 가방이 테이블 위에 있어요. （カバンがテーブルの上にあります。）

　　저는 도쿄에 살아요. （私は東京に住んでいます。）

（2）到達点：移動の目的地を表す。

例 학교에 가요. （学校へ行きます。）

　　집에 편지를 보내요. （家に手紙を送ります。）

（3）時：時間を表す。

　　例　오전에(午前に)，오후에(午後に)，아침에(朝に)，밤에(夜に)，
　　　　　주말에(週末に)

注 意

時間名詞には原則として助詞「에」をつけるが，「어제(昨日), 오늘(今日), 내일(明日), 모레
(明後日)」などにはつけない。

《練習5》次の語句に助詞「-에」をつけて，言ってみましょう。

1) 식당 食堂　　　2) 학교 学校　　　　3) 극장 映画館・劇場

4) 집 家　　　　　5) 공원 公園　　　　6) 백화점 デパート・百貨店

7) 은행 銀行　　　8) 우체국 郵便局　　9) 편의점 コンビニ

5 - 6　　　～를/을　　　　　　　　　🎧 5-9

・ある動作や作用の対象を表す助詞。日本語の「～を」に当たる。
・母音体言には「를」をつけ，子音体言には「을」をつける。連音化に
　注意。

　　例　시계 + 를 → 시계를 (時計を)，가방 + 을 → 가방을 (カバンを)

《練習6》次の語句に助詞「-를/을」をつけて，言ってみましょう。

1) 의사 医者　　　2) 선생님 先生　　　3) 휴대폰 携帯電話

4) 교과서 教科書　5) 방 部屋　　　　　6) 커피숍 カフェ

5 - 7　　〜하고, 〜와/과　　5-10

- 並列や共同の意味を表す助詞。日本語の「〜と」に当たる。
- -하고：母音で終わるか子音で終わるかに関係なく常に「하고」をつける。
- -와/과：母音で終わる体言には「와」をつけ，子音で終わる体言には「과」をつける。
- 通常，書き言葉では「-와/과」を用い，話し言葉では「-하고」を用いることが多い。

　例　병원과 약국 / 병원하고 약국　（病院と薬局）

　　　친구와 놀아요. / 친구하고 놀아요.　（友だちと遊びます。）

《練習7》例にならって次の語句に「‒하고 , ‒와 / 과」をつけて，言ってみましょう。

　例　a. 어머니 お母さん　b. 아버지 お父さん

　　　→ 어머니하고 아버지, 어머니와 아버지

1) a. 회사 会社　b. 집 家
2) a. 취미 趣味　b. 전공 専攻
3) a. 꽃 花　b. 나무 木
4) a. 휴대폰 携帯電話　b. 열쇠 ［열쐬］　キー

《練習１》例にならって文を作ってみましょう。

例　_____가/이 있어요/없어요.

약속 → 약속이 있어요/없어요.

1) 한국 친구　　　　　2) 시간

3) 교과서　　　　　　4) 미국 사람

5) 커피숍　　　　　　6) 사진

《練習２》例にならって a, b に語句を入れて，文を作ってみましょう。

例　_____a_____를/을 _____b_____아요/어요.

a. 김치(キムチ)　b. 먹다 → 김치를 먹어요.

1) a. 옷　b. 팔다　　　　　2) a. 그 가수　b. 알다

3) a. 사진　b. 받다　　　　4) a. 책　b. 읽다

5) a. 치마(スカート)　b. 입다　　　6) a. 신문　b. 만들다

《練習３》例にならって a, b に語句を入れて，文を作ってみましょう。

例　_____a_____하고_____b_____가/이 있어요.

a. 책상　b. 의자 → 책상하고 의자가 있어요.

1) a. 은행　b. 우체국　　　2) a. 책　b. 사전

3) a. 이불(布団)　b. 베개 (枕)　　　4) a. 텔레비전　b. 냉장고(冷蔵庫)

5) a. 미용실　b. 식당　　　6) a. 고양이　b. 개

《練習４》例にならって a, b に語句を入れて，文を作ってみましょう。

例　_____a_____는/은_____b_____에 있어요.

a. 휴대폰　b. 책상 위 → 휴대폰은 책상 위에 있어요.

1) a. 테이블(テーブル)　b. 방 가운데　2) a. 편의점　b. 병원 맞은편

3) a. 그 카페　b. 은행하고 백화점 사이　4) a. 서점　b. 극장 앞

《練習5》例にならって a, b に語句を入れて，会話を完成させましょう。

例　A: ＿＿＿a＿＿에 ＿＿b＿＿가/이 있어요?

B: 네, ＿＿＿b＿＿가/이 있어요. / 아뇨, ＿＿b＿＿는/은 없어요.

a. 집　b. 침대　→　A: 집에 침대(ベット)가 있어요?

B: 네, 침대가 있어요. / 아뇨, 침대는 없어요.

1) a. 방　b. 텔레비전　　2) a. 학교　b. 기숙사(寄宿舎, 寮)

3) a. 집 근처　b. 우체국　4) a. 가방 속　b. 교통카드(交通カード)

《練習6》例にならって a, b に語句を入れて，会話を完成させましょう。

例　A: ＿＿a＿＿가/이 어디에 있어요?

B: ＿＿a＿＿는/은 ＿＿b＿＿에 있어요.

a. 회사　b. 백화점 뒤　→　A: 회사가 어디에 있어요?

B: 회사는 백화점 뒤에 있어요.

1) a. 학생식당　b. 도서관 옆

2) a. 약국　b. 병원 왼쪽

3) a. 쓰레기통(ゴミ箱)　b. 책상 밑

4) a. 호텔(ホテル)　b. 공항(空港) 근처

5) a. 화장실　b. 역(駅) 안

6) a. 그 학생　b. 교실 밖

★ 課題1 <話す>

  <絵1>と<絵2>を見て，例にならって話してみましょう。

例 A: _____ a _____ 가/이 어디에 있어요?

    B: _____ a _____ 는/은 _____ b _____ 에 있어요.

<絵 I >

〔語句〕옷장 クローゼット，책장 本棚，테이블 テーブル，그림 絵，
       거울 鏡，모자 帽子，화분 植木鉢，꽃병 花瓶

＜絵２＞

〔語句〕주유소〔注油所〕ガソリンスタンド

★ **課題２ ＜読む＞**

吉田さんの話を読んで，質問に答えてみましょう。

> 저는 요코하마의 아파트에 살아요.
>
> 우리 집은 5(오)층이에요.
>
> 1(일)층에는 편의점하고 미용실이 있어요.
>
> 아파트 맞은편에는 약국하고 은행이 있어요.
>
> 근처에는 공원도 있어요.
>
> 공원 앞에 슈퍼하고 커피숍이 있어요.

〔語句〕〜의 〜の，아파트 マンション，우리 私たち，5(오)층 5階，
　　　〜이에요 〜です，1(일)층 1階

1) 요시다 씨 집 1(일)층에는 뭐가 있어요?

_____

2) 공원 앞에는 뭐가 있어요?

_____

3) 요시다 씨 집 근처에 우체국도 있어요?

_____

★ 課題3 ＜書く＞
　みなさんが住んでいる町や自分の部屋を描写する文章を書いてみましょう。

★ 課題4 ＜聞く＞　　　　　　　　　　　　　　🎧 5-11
1. 音声を聞いて，内容と合っていれば〇，間違っていれば×をつけましょう。

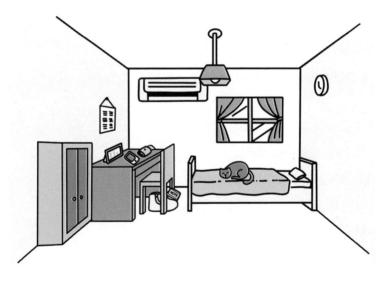

〔語句〕침대 ベッド, 이불 布団, 베개 枕, 옷장 クローゼット,
　　　창문 窓, 에어컨 エアコン, 공책 ノート

1) (　　　　) 　　　　　　　　　　2) (　　　　)

3)　（　　　　　）　　　　　　　　4)　（　　　　　）
5)　（　　　　　）　　　　　　　　6)　（　　　　　）

2．次の文章を聞いて，質問に答えてみましょう。

🎧 5-12

〔語句〕 ～이에요 ～です，여기 ここ，창문 窓，가족 家族，
　　　　침대 ベッド，옷장 クローゼット

1) 책상하고 의자는 어디에 있어요?

_____

2) 가방 안에는 뭐가 있어요?

_____

3) 옷장 옆에 뭐가 있어요?

_____

第6課

買い物（1）

第6課 買い物（Ⅰ）

目標

・買い物のとき簡単なやりとりができる。

会話本文

ゴールデンウイークの連休にキム・ミヌさんと会うために韓国へ行った野村さんが東大門市場の洋服屋で買い物をしている。

〈동대문시장（東大門市場）옷집에서〉　🎧 6-1

점　원:	어서 오세요.
노무라:	반바지 좀 보여 주세요.
점　원:	반바지는 이쪽에 있습니다.
노무라:	이 바지는 얼마예요?
점　원:	그건 25,000원이에요.
노무라:	이 양말은 얼마예요?
점　원:	이건 3켤레에 8,000원이에요
노무라:	그럼 이 바지하고 양말 세 켤레 주세요.
	전부 얼마예요?
점　원:	33,000원입니다.

発音

- 있습니다 ［이씀니다］　濃音化，鼻音化
- 얼마예요 ［얼마에요］　예요の発音に注意！
- 오천 원이에요 ［오처눠니에요］　連音化
- 팔천 원이에요 ［팔처눠니에요］　連音化
- 삼천 원입니다 ［삼처눠님니다］　連音化，鼻音化
- 고맙습니다 ［고맙씀니다］　濃音化，鼻音化

語句

- 점원　店員
- 어서 오세요.　いらっしゃいませ。
- 반바지　半ズボン
- 보여 주세요.　見せてください。
- ～원　ウォン
- 전부　全部
- 좀　ちょっと
- 이쪽　こちら
- 그럼　では

基本語句 3

🎧 6-3

1. もの名詞（2）

치마 スカート	바지 ズボン	구두 靴
운동화 運動靴	양말〔洋襪〕靴下	연필 鉛筆
공책〔空冊〕ノート	지우개 消しゴム	물 水
우유 牛乳	빵 パン	고기 肉
과일 果物	생선〔生鮮〕魚	김치 キムチ
사과〔沙果〕りんご	귤 みかん	딸기 いちご

2. 指示代名詞

指示詞	指示代名詞 基本形/縮約形	指示代名詞＋가/이 基本形/縮約形	指示代名詞＋는/은 基本形/縮約形	指示代名詞＋를/을 基本形/縮約形
이 (この)	이것/이거 (これ)	이것이/이게 (これが)	이것은/이거는/ 이건 (これは)	이것을/이거를/ 이걸 (これを)
그 (その)	그것/그거 (それ)	그것이/그게 (それが)	그것은/그거는/ 그건 (それは)	그것을/그거를/ 그걸 (それを)
저 (あの)	저것/저거 (あれ)	저것이/저게 (あれが)	저것은/저거는/ 저건 (あれは)	저것을/저거를/ 저걸 (あれを)
어느 (どの)	어느 것/ 어느 거 (どちら)	어느 것이/ 어느 게 (どちらが)	어느 것은/어느 거는/어느 건 (どちらは)	어느 것을/어느 거를/어느 걸 (どちらを)

3．疑問詞

누구 誰　　　　　　　　언제 いつ　　　　　　　　어디 どこ
무엇・뭐 何　　　　　어떻게 どのように　　　왜 なぜ，どうして
무슨 何の　　　　　　어떤 どんな　　　　　　얼마 いくら
몇 いくつの，何　　누가 誰が　★누구 + 가 → 누가

4．その他

시장 市場，いちば　슈퍼마켓(→슈퍼)スーパーマーケット
마트 マート　　　　가게 店　　　　　　옷집 洋服屋
빵집 パン屋　　　　꽃집 花屋　　　　　값 値段
아이 子供　　　　　남자 男性，男子　　여자 女性，女子
주세요 ください

文法および表現3

- 指定詞 이다（〜だ・〜である），아니다（〜でない）
- 〜에서 〜で，〜から
- 〜에(2)〜で，〜に（基準，単位）
- 漢字語の数詞
- 固有語の数詞
- 助数詞(1) 固有語の数詞につけるもの

6 - 1 　指定詞　🎧 6-4

・指定詞 ：이다（〜だ・〜である），아니다（〜でない）
・指定詞の活用

	〜です	〜ですか	〜ではありません	〜ではありませんか
합니다体	体言입니다	体言입니까	母音体言가 아닙니다 子音体言이 아닙니다	母音体言가아닙니까 子音体言이아닙니까
해요体	母音体言 예요 子音体言 이에요	母音体言 예요 子音体言 이에요	母音体言가 아니에요 子音体言이 아니에요	母音体言가 아니에요 子音体言이 아니에요

例　1)　A: 이거 물이에요? （これ，水ですか。）

　　　　B: 네, 물이에요. （はい，水です。）

　　2)　A: 저기입니까? （あそこですか。）

　　　　B: 아뇨, 저기가 아닙니다. （いいえ，あそこではありません。）

注 意

1) 肯定の指定詞「이다」は，体言の後ろで分かち書きをせずに続けて書く。
2) 「예요」は「에요」と発音する。
3) 「体言＋입니다, 体言＋입니까」は，話し言葉では「이다」の語幹「이」を省略した形
　 でよく用いられる。例）얼마입니까 → 얼맙니까（いくらですか。）

《練習1》例にならって文を作ってみましょう。

例　A: _____예요/이에요?

　　B: 네, _____예요/이에요. / 아뇨, _____가/이 아니에요.

　　A: 우유예요?　B: 네, 우유예요. / 아뇨, 우유가 아니에요.

1) 일본 사람　　　　　　2) 스즈키 씨 모자(帽子)

3) 일학년　　　　　　　4) 지금(今) 수업(授業)

《練習 2》例にならって文を作ってみましょう。

例 A: _____입니까?

B: 네, _____입니다. / 아뇨, _____가/이 아닙니다.

A: 교과서입니까?　B: 네, 교과서입니다. / 아뇨, 교과서가 아닙니다.

1) 저 남자　　　　　2) 이분(この方)은 선생님
3) 한국은 처음(初めて)　4) 이것이 그 과자

6 - 2 　～에서 　 6-5

- ある活動が行われる場所や移動の出発点を表す助詞。日本語の「～で, ～から」に当たる。
- 母音で終わるか子音で終わるかに関係なく常に「에서」をつける。

（1）活動の場所

例 학교 도서관에서 공부합니다. （学校の図書館で勉強します。）

아이들이 운동장에서 놀아요. （子どもたちが運動場で遊びます。）

（2）移動の出発点

例 한국에서 전화가 옵니다. （韓国から電話が来ます。）

《練習 3》次の語句に助詞「- 에서」をつけて, 言ってみましょう。

1) 학교 学校　　　　　2) 극장 映画館・劇場
3) 식당 食堂　　　　　4) 집 家
5) 약국 薬局　　　　　6) 화장실 トイレ・お手洗い

　　漢字語の数詞　　🎧 6-6

- 韓国語には漢字語と固有語の2種類の数詞がある。
- 漢字語の数詞は日本語の「いち，に，～」と発音，使い方がよく似ている。

零, ゼロ	一	二	三	四	五	六	七	八	九	十
영, 공	일	이	삼	사	오	육	칠	팔	구	십

十一	十二	十三	十四	十五	十六	十七	十八	十九	二十
십일	십이	십삼	십사	십오	십육	십칠	십팔	십구	이십

三十	四十	五十	六十	七十	八十	九十	百	千	万	十万	百万	千万	億
삼십	사십	오십	육십	칠십	팔십	구십	백	천	만	십만	백만	천만	억

注 意

1) 以下の数字の発音に注意。

십육［심뉵］	ㄴ挿入(8課), 鼻音化	칠십［칠씹］	特殊な濃音化
백육［뱅뉵］	ㄴ挿入(8課), 鼻音化	팔십［팔씹］	特殊な濃音化
천육［천뉵］	ㄴ挿入(8課)		

2) 「一万」は通常「一」を省略して「만」という。

《練習4》次の数字を言ってみましょう。

1) 15　　　　　　2) 48　　　　　　3) 106

4) 726　　　　　5) 3,509　　　　6) 16,200

固有語の数詞　　　🎧 6-7

・固有語の数詞は日本語の「ひとつ，ふたつ，〜」に当たるものである。

一つ	二つ	三つ	四つ	五つ	六つ	七つ	八つ	九つ	十
하나	둘	셋	넷	다섯	여섯	일곱	여덟	아홉	열

十一	十二	十三	十四	十五	十六	十七	十八	十九	二十
열하나	열둘	열셋	열넷	열다섯	열여섯	열일곱	열여덟	열아홉	스물

《参考》 1) 30 서른，40 마흔，50 쉰，60 예순，70 일흔，80 여든，
90 아흔

2) 99まで数えることができて，百以上は漢字語の数詞を使う。百以下でも大きな数字の場合は漢字語の数詞を使うことが多い。

注 意

1) 以下の数字の発音に注意。

열둘 ［열뚤］　特殊な濃音化

열셋 ［열쎋］　特殊な濃音化

열넷 ［열렏］　流音化(7課)

열다섯 ［열따섣］　特殊な濃音化

열여섯 ［열려섣］　ㄴ挿入(8課)，流音化(7課)

열여덟 ［열려덜］　ㄴ挿入(8課)，流音化(7課)

2)「하나, 둘, 셋, 넷, 스물」は，助数詞や名詞が続くときにそれぞれ「한, 두, 세, 네, 스무」に形が変わるので注意。

　例　한 개（1個），세 명（3名），스무 살（20歳）

3)「여덟, 열」の後に平音で始まる助数詞や名詞が続くと，その平音は濃音で発音される。

　例　여덟 개［여덜깨］，열 장［열짱］

《練習５》自分の年齢や学年を言ってみましょう。

例 몇 살이에요? (何才ですか。) 열아홉 살이에요. (19才です。)

몇 학년이에요? (何年生ですか。) 일학년이에요. (１年生です。)

6 - 5 助数詞（１）固有語の数詞につけるもの

もの一般	〜개(〜個)	年齢	〜살(〜才, 〜歳)
人数	〜명(〜名, 〜人) 〜분(〜名様)	飲み物類	〜잔(〜杯) 〜병(〜本)
動物類	〜마리(〜匹, 頭, 羽)	書籍類	〜권(〜冊)
機械類	〜대(〜台)	靴・靴下類	〜켤레(〜足)
紙類	〜장(〜枚)	衣服類	〜벌(〜着)
回数	〜번(〜回)	花類	〜송이(〜輪)
肉類	〜근(〜斤) （1斤は約600g）	時間	〜시(〜<u>時</u>) 〜시간(〜<u>時間</u>)

6 - 6 〜에（２）　　　　　　　　　🎧6-8

・基準や単位を表す助詞。「〜に，〜で」に訳される。

例 <u>하루에</u> 한 시간씩 한국어 공부를 합니다.
（<u>１日に</u>１時間ずつ韓国語の勉強をします。）

<u>일주일에</u> 두 번 수영을 해요.　　（<u>週</u>２回水泳をします。）

<u>세 개에</u> 천원이에요.　　　　　（<u>３個で</u>1,000ウォンです。）

《練習6》数字の読み方に注意して，次の語句を言ってみましょう。

1）4名　　　　　2）6時　　　　　3）3冊

4）2杯　　　　　5）15個　　　　　6）1着

《練習1》例にならって a, b に語句を入れて，文を作ってみましょう。

例　　＿＿＿＿＿a＿＿＿＿가/이 ＿＿＿＿＿b＿＿＿＿예요?

　　　　a. 이름　b. 뭐　→　이름이 뭐예요?

1）a. 전공　b. 뭐　　　　　2）a. 생일(誕生日)　b. 언제
3）a. 집　b. 어디　　　　　4）a. 이 사람　b. 누구
5）a. 이 책　b. 무슨 책　　　6）a. 친구　b. 어느 나라 사람

《練習2》例にならって a, b に語句を入れて，文を作ってみましょう。

例　　＿＿＿＿＿a＿＿＿＿에서＿＿＿＿b＿＿＿＿를/을 삽니다.

　　　　a. 슈퍼　b. 물　→　슈퍼에서 물을 삽니다.

1）a. 서점　b. 책　　　　　　　　2）a. 백화점　b. 구두
3）a. 시장　b. 생선하고 김치　　　4）a. 마트　b. 고기와 과일
5）a. 편의점　b. 빵하고 우유
6）a. 할인점(ディスカウントストア)　b. 책상하고 의자

《練習3》例にならって文を作ってみましょう。

例 이 _____, 얼마예요?

지우개 → 이 지우개 얼마예요?

1）바지　　　　　　　　2）운동화
3）지갑　　　　　　　　4）공책

《練習4》例にならって文を作ってみましょう。

例 _____원（ウォン）이에요.

3,000 → 삼천 원이에요.

1）4,500　　　　　　　　2）17,800
3）190　　　　　　　　　4）164,000

《練習5》例にならって a, b に語句を入れて，文を作ってみましょう。

例 _____ a _____ 에 _____ b _____예요/이에요.

a. 1개　　b. 500원　→　한 개에 오백 원이에요.

1）a. 2장　b. 9,900원　　　　2）a. 6병　b. 10,000원
3）a. 3송이　b. 8,000원　　　4）a. 5,000원　b. 4개

《練習6》例にならって a, b に語句を入れて，文を作ってみましょう。

例 _____ a _____ _____ b _____ 주세요.

a. 우유　　b. 2개 → 우유 두 개 주세요.

1）a. 그 굴　b. 10개　　　　2）a. 막걸리（マッコリ）　b. 4잔
3）a. 돼지고기（豚肉）b. 1근　4）a. 만 원짜리（一万ウォン札）b. 5장

《練習7》例にならって（　　）の語句を使って質問に答えてみましょう。

例　A: 사과가 몇 개 있어요? (9개)

　　B: 아홉 개 있어요.

1) 맥주(ビール)를 몇 병 삽니까? (6병)

2) 가게(お店)에 손님이 몇 분 있어요? (17분)

3) 고양이가 몇 마리 있어요? (1마리)

4) 야마다 씨는 몇 살이에요? (20살)

5) 주차장(駐車場)에 차(車)가 몇 대 있어요? (10대)

6) 하루(一日)에 커피를 몇 잔 마십니까? (2잔)

7) 일주일(一週)에 몇 번 운동(運動)합니까? (3번)

★ **課題1 ＜話す＞**

1. 次の絵を見て，何のお店か括弧の中に書いてみましょう。また，例にならって話してみましょう。

例 A: 이 ___a___ , 얼마예요?

B: ___b___ 원이에요.

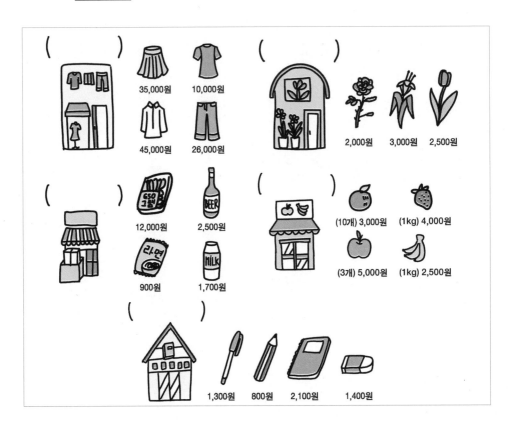

〔語句〕스웨터 セーター，티셔츠 Tシャツ，돼지고기 豚肉，라면 ラーメン，문구점 文具店，장미 バラ，백합 ユリ，튤립 チューリップ，바나나 バナナ

2. ＜絵１＞を見て，例にならって話してみましょう。

주 인： 어서 오세요.

하야시： 안녕하세요? 이 사과 얼마예요?

주 인： 그건 3개에 5,000원이에요.

하야시： 이 딸기는 얼마예요?

주 인： 딸기는 1킬로에 4,000원이에요.

하야시： 그럼, 사과 3개하고 딸기 2킬로 주세요.

주 인： 네, 알겠습니다. 전부 13,000 원입니다.

하야시： (2万ウォンを渡しながら) 여기 있습니다.

주 인： 감사합니다. 여기 거스름돈 7,000 원입니다.

〔語句〕킬로 キロ, 그럼 では, 알겠습니다 わかりました・了解しました, 전부 全部, 여기 있습니다 ここ(に)あります・どうぞ, 거스름돈〔거스름똔〕 おつり

★ 課題2 ＜読む＞
吉田さんの話を読んで，内容と合っていれば○，間違っていれば×をつけましょう。

> 우리 집 근처에는 시장이 있습니다.
> 저는 그 시장에 자주 갑니다.
> 시장에서는 여러 가지 물건을 팝니다.
> 저는 시장에서 과일하고 야채하고 생선을 삽니다.
> 특히 빵집 옆의 과일 가게는 값이 정말 쌉니다.
> 과일 맛도 좋습니다.

〔語句〕우리 私たち, 자주 しばしば・よく, 여러 가지 いろいろな, 물건 もの, 야채 野菜, 특히 特に, 정말 本当に, 맛 味

1) 市場は吉田さんの家の近くにある。　　（　　　　）

2) 吉田さんは毎日その市場に行く。　　　（　　　　）

3) 果物屋はパン屋の隣にある。　　　　　（　　　　）

4) 果物屋の果物は少し値段が高いがおいしい。（　　　　）

★ 課題3 ＜聞く＞

1．音声を聞いて，空欄を埋めましょう。（数字はアラビア数字で書くこと）🎧 6-9

1) 공책 （　　　　　　　　）하고 연필 （　　　　　　　　）를 삽니다.

2) 선생님 （　　　　　　　）하고 학생 （　　　　　　　）이 있습니다.

3) 이 생선 （　　　　　　） 주세요.

4) 맥주(ビール) （　　　　　）하고 막걸리(マッコリ) （　　　　　　　）

　　주세요.

5) （　　　　　　　　）원이에요.

2．次の文章を聞いて，質問に答えてみましょう。　　🎧 6-10

　　〔語句〕오늘 今日，저녁 夕食，메뉴 メニュー，그래서 それで，
　　　　　소고기 牛肉，장미 バラ

1) 市場で買っていないものは何ですか。

①魚　　　②肉　　　③野菜　　　④お酒　　　⑤りんご　　　⑥みかん

2) 소고기는 한 근에 얼마예요?

_____

3) 굴은 삼천 원에 몇 개예요?

_____

4) 장미는 한 송이에 얼마예요?

_____

第７課

日程

第 7 課 日程

・日付，曜日，時刻の表現が理解でき，日課について話すことができる。

会話本文

野村さんとキム・ミヌさんがカフェで話している。　🎧 7-1

노무라 :　민우 씨 오늘 수업 많아요?

김민우 :　네, 2교시부터 4교시까지 수업이 있어요.

노무라 :　오늘 저녁에는 뭐 해요?

김민우 :　저녁에는 아르바이트가 있어요.

　　　　　학원에서 영어를 가르쳐요.

노무라 :　저도 학교 근처 편의점에서 아르바이트를 해요.

김민우 :　그래요? 일주일에 몇 번 가요?

노무라 :　수요일하고 토요일 두 번 가요.

　　　　　오후 4시부터 밤 9시까지 일을 해요.

発音

発音　🎧 7-2

- 많아요 ［마나요］　ㅎの脱落
- 일주일 ［일쭈일］　特殊な濃音化

語句

- 학원 ［学院］ 塾
- 가르치다 教える
- 그래요? そうですか。
- 일주일 ［일쭈일］ 〔一週日〕 一週間
- 일을 하다 仕事をする，働く

基本語句4

🎧 7-3

1．時間名詞（1）

아침 朝，朝食	점심 昼，昼食	저녁 夕方，夕食
낮 昼	밤 夜	오전 午前
오후 午後	그저께 おととい	어제 昨日
오늘 今日	내일〔来日〕明日	모레 明後日
주말 週末	월요일 月曜日	화요일 火曜日
수요일 水曜日	목요일 木曜日	금요일 金曜日
토요일 土曜日	일요일 日曜日	

2．場所代名詞

場所代名詞	場所代名詞＋에 ここに	場所代名詞＋에서 ここで・ここから
여기(ここ)	여기에(여기)	여기에서(여기서)
거기(そこ)	거기에(거기)	거기에서(거기서)
저기(あそこ)	저기에(저기)	저기에서(저기서)
어디(どこ)	어디에(어디)	어디에서(어디서)

《参考》 会話では場所代名詞の後の에は省略されることが多い。

3．基本用言（3）

오다 来る，降る	자다 寝る	일어나다 起きる
보내다[1] 送る	배우다 習う，学ぶ	주다 あげる，やる，くれる
다니다 通う	마시다 飲む	되다 なる，できる

운동하다 <u>運動</u>する　쇼핑하다 ショッピングする

4．その他

수업 <u>授業</u>	시험 <u>試験</u>	숙제 <u>宿題</u>
한국어・한국말 <u>韓国語</u>	일본어 <u>日本語</u>	영어 <u>英語</u>
중국어 <u>中国語</u>	생일〔生日〕<u>誕生日</u>	전화번호 <u>電話番号</u>
영화 <u>映画</u>	지금〔只今〕今	반 <u>半</u>, 半分
아르바이트 アルバイト		

文法および表現4

・해요体(2)　～아요/어요　～ます，～です
・助数詞(2)　漢字語の数詞につけるもの
・年月日の表現
・時刻の表現
・～부터　～から
・～까지　～まで，～までに

流音化 🎧 7-4

ㄴ + ㄹ → [ㄹ+ㄹ]

ㄹ(ㄾ, ㅀ) + ㄴ → [ㄹ+ㄹ]

例 논리 [놀리], 설날 [설랄], 앓는 [알른]

《練習1》次の語句を発音してみましょう。

1) 연락 連絡　　　　　　2) 완료 完了

3) 언론 言論　　　　　　4) 일년 一年

5) 핥는다 なめる　　　　6) 잃는다 失う・なくす

文法及び表現

해요체（2）

・日本語の「-です/ます」に当たる丁寧な言い方。日常会話でよく使われる。

（1）陽語幹と陰語幹（ほとんど子音語幹）

　① 陽語幹：語幹末の母音字が「ㅏ, ㅗ, ㅑ, ㅛ, ㅘ」の場合
　　　⇒ 　語幹　 + 아요

　　例 살다(住む) ▶ 살아요, 높다(高い) ▶ 높아요

　② 陰語幹：それら以外の母音字の場合　⇒ 　語幹　 + 어요

　　例 먹다(食べる) ▶ 먹어요, 있다(ある・いる) ▶ 있어요

（2）母音語幹

● 脱落：語尾の「아/어」が前の母音に吸収され脱落

　　　語幹末の母音字が「ㅏ, ㅓ, ㅐ, ㅔ, ㅕ」の場合

① ㅏ＋아 ⇒ 語幹 ＋ 요　例）사다(買う)　▶ 사요

② ㅓ＋어 ⇒ 語幹 ＋ 요　例）건너다(渡る) ▶ 건너요

③ ㅐ＋어 ⇒ 語幹 ＋ 요　例）보내다(送る) ▶ 보내요

④ ㅔ＋어 ⇒ 語幹 ＋ 요　例）세다(数える) ▶ 세요

⑤ ㅕ＋어 ⇒ 語幹 ＋ 요　例）켜다(つける) ▶ 켜요

● 縮約：縮まった形になる

　　　語幹末の母音字が「ㅗ, ㅜ, ㅣ, ㅚ」の場合

① ㅗ＋아 ⇒ ㅘ＋요 例）오다(来る)　▶ 와요, 보다(見る) ▶ 봐요

② ㅜ＋어 ⇒ ㅝ＋요 例）배우다(学ぶ) ▶ 배워요,

　　　　　　　　　　　　　주다(あげる・くれる)　▶ 줘요

③ ㅣ＋어 ⇒ ㅕ＋요 例）마시다(飲む) ▶ 마셔요

④ ㅚ＋어 ⇒ ㅙ＋요 例）되다(なる・できる) ▶ 돼요

注　意

1)「① ㅗ＋아」,「② ㅜ＋어」において，語幹末が母音単独の場合は必ず縮約形になる
　　が，子音に続くときは縮約される前の形も使われる。
　　오아요(×)/와요(○), 보아요(○)/봐요(○)

　　배우어요(×)/배워요(○), 주어요(○)/줘요(○)

2)「③ ㅣ＋어」や「④ ㅚ＋어」の場合も堅い書き言葉で用いられるときは縮約しないこ
　　ともある。会話では基本的に縮約形の方が使われる。

（3）하語幹: 語幹末が「하」で終わる語幹
　　　⇒ 語幹 ＋ 여요 ▶ ～하여요/～해요

★ 会話文では縮約形の「해요」がよく用いられる。

　例　하다(する) ▶ 해요, 공부하다(勉強する) ▶ 공부해요

　　　사다 ⇒ 사요, 하다 ⇒ 하요(×), 해요(○) ★混同しないように！

（4）縮約が起こらない場合

- 語幹末の母音字が複合母音字で，それ以上縮約できない。

例 띄다(空ける) ▶ 띄어요, 바뀌다(変わる) ▶ 바뀌어요

例 저는 학교 앞에 살아요.　私は学校の前に住んでいます。　🎧 7-5

저기에 학생이 있어요.　あそこに学生がいます。

내일 한국에 가요.　明日，韓国へ行きます。

친구하고 커피를 마셔요.　友だちとコーヒーを飲みます。

주말에 공원에서 운동해요.　週末に公園で運動します。

《練習2》次の用言を해요体の平叙形に活用させましょう。

1) 자다 寝る

2) 일어나다 起きる

3) 보내다 送る

4) 서다 立つ

5) 오다 来る

6) 보다 見る

7) 배우다 習う・学ぶ

8) 주다 あげる・やる

9) 다니다 通う

10) 마시다 飲む

11) 운동하다 運動する

12) 되다 なる・できる

13) 쉬다 休む・休憩する

14) 쇼핑하다 ショッピングする

《練習3》次の用言の活用形を原型（辞書形）に戻し，意味を調べてみましょう。

1) 짜요

2) 가져와요

3) 일어서요

4) 펴요

5) 외워요

6) 뛰어요

7) 건네요

8) 끝내요

9) 걸려요

10) 쇄요

　　助数詞（2）漢字語の数詞につけるもの

～년　年	～월　月
～일　日	～분　～分
～원　～ウォン, 엔　～円	～층〔層〕～階
～호　～号	～호선　～号線
～번　～番	～학년〔学年〕～年生
～교시〔校時〕～時間目・～限	～페이지/쪽　～ページ/～項
～센티미터　～センチメートル	～킬로그램　～キログラム

《参考》「센티미터, 킬로그램」は，通常「센치, 키로」と発音すること
　　　　が多い。

例　이천이십삼년 오월 팔일　2023年5月8日

　　　두 시 사십오분　2時45分

　　　육층 칠백삼호　6階703号

　　　일교시　1時間目

　　　삼십구페이지　39ページ

《**練習４**》**数字の読み方に注意して，次の語句を言ってみましょう。**

1) 12階　　　　　　　2) 4限　　　　　　　3) 1310号

4) 16番　　　　　　　5) 57キロ　　　　　　6) 183センチ

　　年月日の表現　　🎧 7-6

・年月日を表すには漢字語の数詞が用いられる。

・月を表す語をまとめると以下のとおりである。

・「유월（6月），시월（10月）」の表記に注意すること。

1月	2月	3月	4月	5月	6月	7月	8月	9月	10月	11月	12月
일월	이월	삼월	사월	오월	유월	칠월	팔월	구월	시월	십일월	십이월

例　A: 오늘 며칠이에요?　今日，何日ですか。

　　　B: 오늘은 유월 육일이에요.　今日は6月6日です。

　　　A: 몇 월 며칠이에요?　何月何日ですか。

　　　B: 십일월 십칠일이에요.　11月17日です。

《練習5》数字の読み方に注意して，次の語句を言ってみましょう。

1) 2023年　　　　2) 6月15日　　　　3) 10月10日

4) 12月25日　　　5) 8月31日　　　　6) 1987年

《練習6》自分の誕生日を言ってみましょう。

例　생일이 언제예요?　誕生日はいつですか。
　　　팔월 구일이에요.　8月9日です。

7 - 5　時刻の表現　🎧 7-7

- 「〜시(〜時)」と「〜분(〜分)」に使われる数詞が異なることに注意する。

固有数詞 시 (時)　　　漢数詞 분 (分)

1時	2時	3時	4時	5時	6時	7時	8時	9時	10時	11時	12時
한 시	두 시	세 시	네 시	다섯 시	여섯 시	일곱 시	여덟 시	아홉 시	열 시	열한 시	열두 시

- 「한 시, 두 시, 세 시, 네 시」などで数詞の形が変わることに注意。
- 日本語と同様に「삼십분(30分)」は「반(半)」ともいう。
- 여덟 시 [여덜씨]，열 시 [열씨]，열두 시 [열뚜시] の発音に注意。

例　지금 몇 시예요?　今，何時ですか。

　　네 시 십오분이에요.　4時15分です。

《練習7》例にならって語句を入れて，会話を完成させましょう。

例　　A: 지금 몇 시예요?　　　　B: ＿＿＿＿ 시 ＿＿＿ 분이에요.

　　5시 20분 → A: 지금 몇 시예요?　B: 다섯 시 이십분이에요.

1）6시 30분　　　　2）1시 45분　　　　3）8시 17분

4）4시 50분　　　　5）12시 8분　　　　6）3시 26분

| **7 - 6** | ~부터, ~까지 | | 🎧 7-8 |

~부터	から	時の起点	지금<u>부터</u> 今から 아침<u>부터</u> 비가 와요. 朝から雨が降っています。
	から	順序の起点	물<u>부터</u> 주세요. 水からください。
~까지	まで	継続	두 시<u>까지</u> 수업이 있습니다. 2時まで授業があります。 아침<u>까지</u> 놀아요. 朝まで遊びます。
	までに	期限	삼월 일일<u>까지</u> 메일을 주세요. 3月1日までにメールをください。
~부터 ~까지	から ~まで	範囲(時間)	한 시<u>부터</u> 세 시<u>까지</u> 1時から3時まで
~에서 ~까지	から ~まで	範囲(場所)	집<u>에서</u> 역<u>까지</u> 家から駅まで

《練習8》例にならって a, b に語句を入れて，言ってみましょう。

例　a. 2시(2時)　b. 4시(4時) → 두 시부터 네 시까지

　　a. 학교(学校)　b. 집(家) → 학교에서 집까지

1) a. 여기(ここ)　b. 저기(あそこ)

2) a. 아침(朝)　b. 밤(夜)

3) a. 지금(今)　b. 9시 반(9時半)

4) a. 일본(日本)　b. 한국(韓国)

表現練習

《練習1》例にならって語句を入れて，会話を完成させましょう。

例　A: 오늘 무슨 요일이에요?　B: ＿＿＿＿＿이에요.

　　수요일 → A: 오늘 무슨 요일이에요?　B: 수요일이에요.

1) 화요일　　　　　　　　2) 월요일

3) 토요일　　　　　　　　4) 금요일

《練習2》例にならってa, bに語句を入れて，会話を完成させましょう。

例　A: ＿＿＿a＿＿＿가/이 {언제예요?/며칠이에요?/몇 시예요?}

　　B: ＿＿＿b＿＿＿예요/이에요.

　　a. 시험　b. 7월 10일 → A: 시험이 며칠이에요?

　　　　　　　　　　　　　　 B: 칠월 십일이에요.

1) a. 오늘 회의(会議)　b. 오후 3시

2) a. 일본어 시험　b. 오늘 5교시

3) a. 약속　b. 1월 15일 일요일

4) a. 방학((学校の)長期休み)　b. 모레부터

《練習 3》例にならって a, b に語句を入れて，文を作ってみましょう。
　　　　　文末語尾は해요体にしてください。

例 ＿＿＿a＿＿＿에 ＿＿＿b＿＿＿아요/어요.

　　　a. 오전　b. 운동을 하다 → 오전에 운동을 해요.

1) a. 일요일　b. 한국에서 친구가 오다

2) a. 낮　b. 도서관에서 중국어 공부를 하다

3) a. 목요일하고 토요일 저녁　b. 아르바이트를 하다

4) a. 밤 11시　b. 자다

《練習 4》例にならって（　　）の語句を使って質問に答えてみましょう。

例 A: 점심에 뭘 먹어요? (카레라이스)

　　B: 카레라이스를 먹어요.

1) 학교에서 뭘 배워요? (영어하고 한국어)

2) 주말에 누구를 만나요? (동아리(サークル) 친구)

　*~를/을 만나다 ～に会う

3) 아침에 몇 시에 일어나요? (7시)

4) 내일 어디에서 영화를 봐요? (시내(市内) 극장)

5) 거기는 언제부터 겨울(冬)이 돼요? (여기는 10월)

　*~가/이 되다 ～になる

《練習 5》例にならって（　　）の語句を使って質問に答えてみましょう。

例 A: 아이가 몇 학년이에요? (5학년)　B: 오학년이에요.

1) 사무실(事務室)이 몇 층이에요? (7층)

2) 강의실(講義室)이 몇 호예요? (1203호)

3) 구두가 몇 밀리(ミリメートル)예요? (265밀리)

4) 키(身長)가 몇 센티미터예요? (168센티미터)

5) 몇 호선 지하철(地下鉄)을 타요? (9호선)

6) 전화번호가 몇 번이에요? (080-5381-9624)

7) 4교시 수업은 몇 시부터 몇 시까지예요? (2시 40분~4시 10분)

8) 집에서 역까지 몇 분 걸려요(かかりますか)?

   (걸어서(歩いて) 15분)

9) 숙제가 몇 페이지부터 몇 페이지까지예요? (105~108페이지)

★ 課題1 ＜話す＞

次は山田さんの7月の予定表です。カレンダーを見て，質問に答えてみましょう。

＜7월＞

일요일	월요일	화요일	수요일	목요일	금요일	토요일
	1 ←	2 연휴	3 →	4 아르바이트	5	6 중국어 수업
7	8 내 생일	9 친구와 쇼핑	10 한국어 시험	11 아르바이트	12	13 중국어 수업
14 미용실 10시	15	16	17	18 아르바이트	19	20 중국어 수업
21	22	23	24 어머니 생일	25 아르바이트	26	27 중국어 수업
28	29	30				

1) 며칠에 한국어 시험이 있어요?

_____

2) 무슨 요일에 아르바이트를 해요?

_____

3) 연휴는 며칠부터 며칠까지예요?

_____

4) 미용실 예약(予約)은 언제예요?

_____

5) 중국어 수업은 무슨 요일에 있어요?

_____

★ **課題 2 ＜読む＞**

次のポスターを見て，質問に答えてみましょう。

> 일본 애니메이션 특별 전시회(日本アニメーション特別展示会)
> 4월 3일(금)---5월 10일(일)
> 4월 12일(일), 4월 26일(일)은 휴관(休館)
> 10시~17시 （금요일, 토요일은 19시까지）

1) 전시회(展示会)는 언제부터 언제까지 해요?

_____

2) 휴관일(休館日)은 언제예요?

_____

3) 토요일에는 몇 시까지 해요?

_____

★ **課題 3 ＜聞く＞**　　　　　　　　　🎧 7-9

1．音声を聞いて，空欄を埋めましょう。（数字はアラビア数字で書くこと）

1) 사무실(事務室)은 (　　　　)층에 있어요.

2) 키(身長)가 (　　　　)이에요?

3) 한국어 교실은 (   )호예요.

4) 김치 (   )킬로 주세요.

5) 병원 전화번호는 (   )의 (   )예요.

6) 이 책은 (   )엔이에요.

2．山田さんの一日の話を聞いて，質問に答えてみましょう。 🎧 7-10

〔語句〕끝나다 終わる，식사 食事，후 後，그리고 そして・それから

(1) 内容と合っていれば○，間違っていれば×をつけましょう。

1) 8時20分に家を出る。(   )

2) 午後には友だちと運動をする。(   )

3) 月曜日の2限には授業がない。(   )

4) 家に帰ったらテレビを少し見た後寝る。(   )

(2) 質問に答えましょう。

1) 3교시는 몇 시에 끝나요?

_____

2) 야마다 씨는 저녁 식사 후에 뭘 해요?

_____

3) 야마다 씨는 몇 시에 자요?

_____

第8課

週末

第8課 週末

目標

・週末をどのように過ごしたかについて話すことができる。

会話本文

🎧 8-1

노무라 : 수연 씨, 주말 잘 보냈어요?

이수연 : 네, 잘 보냈어요.

　　　　　자전거로 친구하고 같이 등산을 갔어요.

노무라 : 정말요? 재미있었어요?

이수연 : 네, 사진도 많이 찍고 저녁에는 한국 식당에서

　　　　　삼겹살을 먹었어요.

　　　　　노무라 씨는 산 좋아해요?

노무라 : 저는 산보다 바다를 좋아해요.

이수연 : 노무라 씨는 주말에 뭐 했어요?

노무라 : 토요일에는 아르바이트를 하고 일요일에는 집

　　　　　에서 잠만 잤어요.

　　　　　그런데 내일 영어 숙제 했어요?

이수연 : 아뇨, 아직 안 했어요.

発音

🎧 8-2

- 정말요［정말료］ㄴ挿入，流音化
- 많이［마니］ㅎの脱落
- 좋아해요［조아해요］ㅎの脱落
- 같이［가치］口蓋音化

語句

- 산 山
- 바다 海
- 잠을 자다 寝る
- 그런데 ところで
- 아직 まだ

基本語句 5

🎧 8-3

1. もの名詞（3）

안경 眼鏡	우산 傘, 雨傘	신발 靴, 履物
화장품 化粧品	수건〔手巾〕タオル	비누 石鹼
치약〔歯藥〕歯磨き粉	칫솔〔歯-〕歯ブラシ	
휴지〔休紙〕トイレットペーパー, ティッシュ		

2. 飲食名詞（1）

불고기 プルゴギ　　삼겹살 サムギョプサル

비빔밥 [비빔빱] ビビンバ

냉면 冷麺	찌개 チゲ	술 酒
커피 コーヒー	주스 ジュース	

3. 基本用言（4）

타다 乗る	찍다 撮る	기다리다 待つ

cf. 〜に乗る　〜를/을 타다

가르치다 教える	보내다² 過ごす	쉬다 休む
요리하다 料理する	청소하다 掃除する	빨래하다 洗濯する
좋아하다 好きだ, 好む	싫어하다 嫌いだ, 嫌う	
힘들다 大変だ, きつい	재미있다 面白い, 楽しい	

재미없다 つまらない, 面白くない

맛있다 おいしい	맛(이) 없다 まずい, おいしくない

4. その他

식사 <u>食事</u>　　　여행 <u>旅行</u>　등산 <u>登山</u>
　　　　　　　　　cf. 旅行に行く 여행을 가다

산책 <u>散策</u>, 散歩　노래 <u>歌</u>　　노래방 〔-房〕カラオケ
　　　　　　　　　cf. 歌を歌う 노래를 하다

전철〔電鉄〕電車, 地下鉄　　　지하철 <u>地下鉄</u>　　버스 バス

택시 タクシー　　　　　　　　　　차 <u>車</u>　　　　자전거 <u>自転車</u>

같이 〔가치〕一緒に　　　다시 再び, もう一度　　또 また

더 もっと, より　　조금 少し, ちょっと　　　　좀 ちょっと

아주 とても　　　정말 本当, 本当に　　　많이 たくさん, 多く

文法および表現 5

- 過去形 ～았/었
- 否定形(1) 안～, ～지 않다 ～ない
- ～고 ～して, ～してから
- ～(으)로 ～で, ～に
- ～의 ～の
- ～만 ～だけ, ～のみ
- ～보다 ～より

8 - 1　ㄴ挿入 🎧 8-4

パッチムの後に「ㅣ」や「ㅑ, ㅕ, ㅛ, ㅠ」が続くと，その前に「ㄴ」が挿入されることがある。

例　한여름 ［한녀름］

　　　지갑요 ［지감뇨］：鼻音化にも注意

　　　뭘요 ［뭘료］：流音化にも注意

《参考》

・ㄴ挿入は常に起きるわけではない。

例　내복약 ［내봉냑］ 内服薬，물약 ［물략］ 水薬，
　　　안약 ［아냑］ 目薬，식용유 ［시공뉴］ 食用油

・同じ単語であっても起きるときと，起きないときがある。例の「솜이불」は定められている標準の発音は「솜니불」であるが，「소미불」と発音する人もいる。

例　솜이불 ［솜니불/소미불］ 綿入れのふとん

《練習1》次の語句を発音してみましょう。

1）담요 毛布　　　　　　　　2）한국 요리 韓国料理
3）잠깐만요 ちょっと待ってね　4）앞일 これから先のこと
5）나뭇잎 木の葉　　　　　　6）서울역 ソウル駅

8 - 2　口蓋音化 🎧 8-5

パッチムの ［ㄷ, ㅌ］ の後に「이」が続くと，それぞれ「지, 치」で発音される。

例　해돋이 ［해도지］ 日の出，같이 ［가치］ 一緒に

8 - 3　過去形 ~았/었

（1）陽語幹と陰語幹（ほとんど子音語幹）

　　① 陽語幹：語幹末の母音字が「ㅏ, ㅗ, ㅑ, ㅛ, ㅘ」の場合
　　　　⇒ 語幹 ＋ 았습니다/았어요

　　例　살다(住む) ▸ 살았습니다/살았어요
　　　　높다(高い) ▸ 높았습니다/높았어요

　　② 陰語幹：それら以外の母音字の場合
　　　　⇒ 語幹 ＋ 었습니다/었어요

　　例　먹다(食べる) ▸ 먹었습니다/먹었어요
　　　　있다(ある・いる) ▸ 있었습니다/있었어요

（2）母音語幹

- 脱落：語尾の「아/어」が前の母音に吸収され脱落
　　語幹末の母音字が「ㅏ, ㅓ, ㅐ, ㅔ, ㅕ」の場合

①ㅏ＋아⇒ 語幹 ＋ㅆ습니다/ㅆ어요 例 사다(買う)　▸ 샀습니다/샀어요

②ㅓ＋어⇒ 語幹 ＋ㅆ습니다/ㅆ어요 例 건너다(渡る) ▸ 건넜습니다/건넜어요

③ㅐ＋어⇒ 語幹 ＋ㅆ습니다/ㅆ어요 例 보내다(送る) ▸ 보냈습니다/보냈어요

④ㅔ＋어⇒ 語幹 ＋ㅆ습니다/ㅆ어요 例 세다(数える) ▸ 셌습니다/셌어요

⑤ㅕ＋어⇒ 語幹 ＋ㅆ습니다/ㅆ어요 例 켜다(つける) ▸ 켰습니다/켰어요

- 縮約：縮まった形になる

　　語幹末の母音字が「ㅗ，ㅜ，ㅣ，ㅚ」の場合

① ㅗ＋아 ⇒ ㅘ＋ㅆ습니다/ㅆ어요　例 오다(来る) ▶ 왔습니다/왔어요

② ㅜ＋어 ⇒ ㅝ＋ㅆ습니다/ㅆ어요　例 배우다(学ぶ) ▶ 배웠습니다/
　　　　　　　　　　　　　　　　　　　　　　　　　　　배웠어요

③ ㅣ＋어 ⇒ ㅕ＋ㅆ습니다/ㅆ어요　例 마시다(飲む) ▶ 마셨습니다/
　　　　　　　　　　　　　　　　　　　　　　　　　　　마셨어요

④ ㅚ＋어 ⇒ ㅙ＋ㅆ습니다/ㅆ어요　例 되다(なる・できる) ▶ 됐습니다/
　　　　　　　　　　　　　　　　　　　　　　　　　　　　됐어요

注　意

1)「① ㅗ＋아」と「② ㅜ＋어」において，語幹末が母音単独の場合は必ず縮約形になるが，子音に続くときは縮約される前の形も使われる。

　　오았어요(✕)/왔어요(○), 보았습니다(○)/봤습니다(○)

　　배우었어요(✕)/배웠어요(○), 주었습니다(○)/줬습니다(○)

2)「③ ㅣ＋어」や「④ ㅚ＋어」の場合も堅い書き言葉で用いられるときは縮約しないことがある。会話では基本的に縮約形の方が使われる。

（3）하語幹: 語幹末が「하」で終わる語幹 ⇒ 語幹 ＋ 였습니다/였어요

▶ 〜하였습니다/〜하였어요, 〜했습니다/〜했어요

★ 会話文では縮約形の「했습니다/했어요」がよく用いられる

　例 하다(する) ▶ 했습니다/했어요
　　　공부하다(勉強する) ▶ 공부했습니다/공부했어요

注　意

사다 ⇒ 샀습니다/샀어요, 하다 ⇒ 핬습니다/핬어요(X), 했습니다/했어요(O)

（4）縮約が起こらない場合

語幹末の母音字が複合母音字で，それ以上縮約できない

　例 띄다(空ける) ▶ 띄었습니다/띄었어요
　　　바뀌다(変わる) ▶ 바뀌었습니다/바뀌었어요

（5）指定詞の過去形

指定詞「이다（〜だ・である），아니다（〜でない）」の過去形も作り方は同じであるが，縮約されないことに注意。母音体言に「이다」が続くときのみ縮約形になる。

이다の過去形	子音体言 이었습니다/이었어요 母音体言 였습니다/였어요（縮約形になる！） 例 오늘이었습니다. 今日でした。 어제였어요. 昨日でした。
아니다の過去形	子音体言 이 아니었습니다/아니었어요 母音体言 가 아니었습니다/아니었어요 例 오늘이 아니었습니다. 今日ではなかったです。 어제가 아니었어요. 昨日ではなかったです。

《練習2》 次の用言を해요体過去形に活用させましょう。

1）알다 知る・わかる　　　　　2）타다 乗る

3）보내다 過ごす　　　　　　　4）재미없다 面白くない

5）오다 来る　　　　　　　　　6）되다 なる・できる

7）배우다 習う・学ぶ　　　　　8）피곤하다 疲れている

9）기다리다 待つ　　　　　　　10）쉬다 休む

11）노래이다 歌だ　　　　　　　12）학생이 아니다 学生ではない

《練習3》 次の用言の活用形を原型（辞書形）に戻し，意味を調べてみましょう。

1）얇았어요　　　　　　　　　　2）봤습니다

3）지냈습니다　　　　　　　　　4）찍었어요

5）식사했어요　　　　　　　　　6）싸웠습니다

7）고됐습니다　　　　　　　　　8）놀랐어요

否定形（1）안~, ~지 않다

（1）前置否定形 🎧 8-6

・否定を表す表現が用言の前に来る否定形である。主に話し言葉で用いられる。

안 動詞・形容詞の語幹 （＋ -었-…）＋語尾 （-ㅂ니다, -어요…）

例　안 갑니다 （합니다体現在）　　　　行きません
　　安 가요 （해요体現在）　　　　　　行きません
　　안 갔습니다 （합니다体過去）　　　行きませんでした
　　안 갔어요 （해요体過去）　　　　　行きませんでした

・「名詞＋하다」の場合は，「하다」の直前に「안」が入る。

例　공부 안 했어요(○)，　안 공부했어요(✕) 勉強しませんでした

・「좋아하다，싫어하다」など，하다の前の部分が名詞でない場合は，通常の作り方となる。

例　안 좋아해요. 안 싫어했어요

（2）後置否定形

・否定を表す表現が用言の後ろに来る否定形である。書き言葉で使うことが多いが，話し言葉でも用いられる。

動詞・形容詞の語幹 ＋-지 않 （＋ -었-など）＋語尾 （-ㅂ니다, -어요…）

例　가지 않습니다 ［안씁니다］ （합니다体現在）　　行きません
　　가지 않아요 ［아나요］ （해요体現在）　　　　行きません
　　가지 않았습니다 ［아나씁니다］ （합니다体過去）行きませんでした
　　가지 않았어요 ［아나써요］ （해요体過去）　　　行きませんでした

《参考》尊敬を表す「-시-」は「않-」につけることもあり，前の語幹に
　　　つけることもある。

例　가지 않으십니다(○)，가시지 않습니다(○)　行かれません

注　意

存在詞「있다(ある・いる)」の否定は「없다(ない・いない)」を用いる。

《練習４》次の用言を例にならって活用させましょう。

例　먹다 食べる ▶ 안 먹어요/안 먹었습니다
　　　　　　　　　먹지 않아요/먹지 않았습니다

1）읽다 読む　　　　　　　　2）청소하다 掃除する
3）좋아하다 好きだ・好む　　4）재미있다 面白い・楽しい

8 - 5　〜고　　　　　　　　　　　　🎧 8-7

・並列や完了の意味を表す接続語尾。文脈によって「〜して」や「〜し
　てから」と訳される。
・語幹の種類に関係なく常に「고」をつける。

用言語幹 （+ -었-など） + -고

（1）事柄の並列

・2つ以上の事実を単純に並べる。

例　주말에는 청소도 하고 빨래도 했습니다.
　　　週末には掃除もして，洗濯もしました。

　　　이 사람은 제 친구고(친구이고) 저분은 우리 선생님입니다.
　　　この人は私の友だちで，あの方は私の先生です。

（2）完了：事柄の前後関係

・1つの先行動作が完了した後，他の動作が続くことを示す。２つの動作はそれぞれ独立した事柄である。

例 오후에는 도서관에서 공부하고 저녁에는 친구를 만났어요.

午後には図書館で勉強して，夕方には友だちに会いました。

《参考》肯定の指定詞「이다」の語幹「−이−」は，母音体言に続く際，省略されることが多い。

《練習５》次の文を韓国語に訳してみましょう。

1）男の人は靴を買って，女の人は化粧品を買います。

2）ストレッチ（스트레칭）をしてから運動をします。

3）週末には洗濯もして，掃除もしました。

8 − 6	助詞 ~(으)로, ~의, ~만, ~보다	8-8

~(으)로 母音体言+로 子音体言+으로 ㄹで終わる体言の後では特別に로をつける	~で	道具・手段	{버스로/신칸센으로/전철로} 갑니다. {バスで/新幹線で/電車で}行きます。 휴대폰으로 사진을 찍어요. 携帯で写真を撮ります。
	~で, ~から	材料	이 미소는 콩으로 만들었어요. このみそは豆で作りました。
	~に, ~へ	方向	오른쪽으로 가세요. 右に行ってください。 해는 서쪽으로 집니다. 太陽は西に沈みます。
	~で	原因・理由	감기로 결석했어요. 風邪で欠席しました。
	~として, ~で	資格	교환 유학생으로 왔어요. 交換留学生として来ました。
	~に	選択・決定	무엇으로(→뭘로/뭐로) 하시겠어요? 何になさいますか。 이것으로(→이걸로/이거로) 주세요. これを下さい。

~의	~の	所有	어머니의 자동차 母の車
~만	～だけ, ～のみ, ～ばかり	限定	고기만 먹어요. お肉ばかり食べます。 그 사람만 압니다. その人だけ知っています。
~보다	～より	比較	무엇보다 何より 영어보다 한국어를 잘해요. 英語より韓国語が上手です。

《練習6》次の文を日本語に訳してみましょう。

1) 이 책은 학교 서점에서만 팔아요.

2) 할아버지(祖父)의 안경을 샀어요.

3) 여기에서 왼쪽으로 가요.

4) 저는 커피보다 녹차(緑茶)를 좋아해요.

5) 학교까지 버스로 가요? 전철로 가요?

表現練習

《練習1》例にならって語句を入れて，文を作ってみましょう。

例 _____를/을 가요.

　　여행 → 여행을 가요.

1) 산책　　　　　　　　　2) 유학(留学)

3) 합숙(合宿)　　　　　　4) 이사(引っ越し)

《練習2》例にならって語句を使って質問に答えてみましょう。

例 A: _____를/을 좋아해요?

B: 네, 좋아해요. / 아뇨, 별로(あまり) 좋아하지 않아요.

노래 → A: 노래를 좋아해요?　B: 네, 좋아해요.

(Bの返答から1つ選択)

1) 영화　　　　　　　　　　2) 스포츠

3) 커피　　　　　　　　　　4) 쇼핑

《練習3》例にならってa, bに語句を入れて，会話を完成させましょう。

例 A:_____a_____(에) 뭐 했어요?　B: _____b_____았/었/였어요.

a. 일요일　b. 집에서 쉬다　→ A: 일요일에 뭐 했어요?

B: 집에서 쉬었어요.

1) a. 연휴　b. 고향에 다녀오다(行って来る)

2) a. 그저께　b. 한국 요리를 만들다

3) a. 주말　b. 텔레비전만 보다

《練習4》例にならって（　）の語句を使って質問に答えてみましょう。

例 A: 마트에서 뭘 샀어요? (치약하고 휴지)

B: 마트에서 치약하고 휴지를 샀어요.

1) 누구하고 사진을 찍었어요? (남자 친구)

2) 얼마나(どのくらい) 기다렸어요? (30분)

3) 노래방에서 무슨 노래를 했어요? (한국 노래)

《練習5》例にならって会話を完成させましょう。

例 등산은 힘들다 → A: 등산은 힘들었어요?

B: 아뇨, 안 힘들었어요/힘들지 않았어요.

1) 그 책을 다시 읽다
2) 백화점에서 신발을 사다
3) 학원(塾)에서 수학(数学)도 가르치다
4) 영화보다 재미있다

《練習6》例にならって a, b に語句を入れて，文を作ってみましょう。
文末語尾は합니다体にしてください。

例 _____a_____고_____b_____.

a. 이 화장품은 싸다 b. 좋다 → 이 화장품은 싸고 좋아요.

1) a. 이 집은 값도 비싸다 b. 맛도 없다
2) a. 수건도 사다 b. 비누도 사다
3) a. 저는 김치찌개를 만들다 b. 친구는 오코노미야키를 만들었다
4) a. 학원(塾)에서 중국어를 배우다 b. 지하철로 집에 오다
5) a. 편의점에서 우산을 사다 b. 편의점 앞에서 친구를 기다리다
6) a. 어제 저녁에 숙제를 하다 b. 또 수업 예습(予習)도 했다

★ **課題1 ＜話す＞**

例にならって週末に何をしたか話してみましょう。

例 A: 야마다 씨, 주말에 뭐 했어요?

B: 친구하고 한국 식당에 갔어요.

A: 식당에서 뭘 먹었어요?

B: 갈비하고 냉면을 먹었어요.

★ **課題2　＜読む＞**

次のミンジョンさんの話を読んで，質問に答えてみましょう。

지난 주말에 일본에서 친구가 왔어요.

일요일에 친구하고 같이 서울 시내를 구경했어요.

오전에는 인사동에 갔어요.

기념품 가게를 구경하고 식당에서 점심 식사를 했어요.

점심을 먹고 택시로 명동에 갔어요.

화장품하고 신발을 샀어요.

저녁에는 월드컵공원에 갔어요.

공원에서 산책도 하고 콘서트도 봤어요.

오늘은 정말 재미있었어요.

〔語句〕시내 市内，구경하다 見物する・見学する・観光する，
　　　인사동 仁寺洞(地名)，기념품 記念品・お土産，
　　　명동 明洞(地名)，월드컵공원 ワールドカップ公園，
　　　콘서트 コンサート

1) 친구는 언제 한국에 왔어요?

_____

2) 명동에서는 뭘 샀어요?

_____

3) 월드컵공원에서는 뭘 했어요?

_____

★ 課題3 ＜聞く＞ 🎧 8-9
　次のイ・ミノさんと仲田さんの会話を聞いて，質問に答えてみましょう。

〔語句〕그리고 そして・それから，그런데 ところで，
　　　　 이번 今回・今度，시내 市内

(1) 内容と合っていれば○，間違っていれば✕をつけましょう。

1) 先週末，仲田さんの友だちは仲田さんに韓国料理を作ってくれた。（　　　）
2) 仲田さんの友だちは，仲田さんより韓国料理が好きだ。（　　　　）
3) 今度の日曜日にイ・ミノさんと仲田さんは二人で韓国料理を食べに
　 行く予定だ。（　　　　）

(2) 質問に答えましょう。
1) 나카다 씨는 지난 주말에 공원에서 산책을 했어요?

_____

2) 이민호 씨는 지난 주말에 뭘 했어요?

_____

3) 이민호 씨와 나카다 씨는 이번 주말에 언제 만나요?

_____

第９課

家族紹介

・自分の家族について話すことができる。

会話本文

🎧 9-1

이수연 : 노무라 씨는 가족이 어떻게 되세요?

노무라 : 부모님하고 형하고 여동생이 하나 있어요.

　　　　수연 씨는 가족이 몇 명이에요?

이수연 : 저희 가족은 5명이에요.

　　　　아버지, 어머니, 그리고 오빠가 한 명 있어요.

　　　　할머니도 같이 사세요.

노무라 : 그래요? 할머니께서는 연세가 어떻게 되세요?

이수연 : 일흔 둘이세요. 아주 건강하세요.

　　　　어제도 할머니한테 전화를 했어요.

노무라 : 수연 씨는 여름 방학에 집에 가요?

이수연 : 아뇨, 여름 방학에는 못 가요.

発音

🎧 9-2

- 어떻게 [어떠케] 激音化
- 몇 명이에요 [면명이에요] 鼻音化
- 다섯 명 [다선명] 鼻音化
- 같이 [가치] 口蓋音化
- 일흔 [이른] ㅎの弱化

語句

- 그리고 そして, それから
- 그래요? そうですか。
- 일흔 七十(固有語の数詞)
- 건강하다 健康だ
- 여름 방학 夏休み

基本語句6

🎧 9-3

1. 家族・親族名詞

가족 家族	아버지 父
어머니 母	아빠 お父さん, パパ
엄마 お母さん, ママ	할아버지 祖父
할머니 祖母	형 (弟からみた) 兄
오빠 (妹からみた) 兄	누나 (弟からみた) 姉
언니 (妹からみた) 姉	동생 〔同生〕弟, 妹
남동생 〔男同生〕弟	여동생 〔女同生〕妹
형제 兄弟	아들 息子
딸 娘	남편 〔男便〕夫
아내 妻	친척 身内, 親戚

2. 人称代名詞

이 사람 この人	그 사람 その人	저 사람 あの人
이분 この方	그분 その方	저분 あの方
나 私, 僕	우리 私たち, われわれ	저희 「우리」の謙譲語
너 お前, 君	너희 お前たち, 君たち	자기 自己, 自分, 自身

注意

「나, 저, 너」の場合, 助詞「가」続くと形が変わる。

나 + 가 → 내가(나가X)	나 + 에게 → 나에게/내게	나 + 의 → 나의/내
저 + 가 → 제가(저가X)	저 + 에게 → 저에게/제게	저 + 의 → 저의/제
너 + 가 → 네가(너가X)	너 + 에게 → 너에게/네게	너 + 의 → 너의/네

3. その他

이야기하다・얘기하다 話す   일하다 働く

전화하다 <u>電話</u>する   결혼하다 <u>結婚</u>する

사랑하다 愛する   닮다 [담따] 似ている

                                 ＊〜에 似ている 〜를/을 닮다

분 方（「사람」の尊敬形）   들 〜たち（複数にする形）

文法および表現6

・尊敬形 〜(으)시
・特殊な尊敬形
・否定形(2) 〜못, 〜지 못하다 できない
・〜에게・한테 〜に
・〜에게서・한테서 〜から

文法及び表現

9 - 1 尊敬形 🎧 9-4

- 尊敬の意味を表す形の「-시-」を用言語幹の後ろにつけて尊敬形を作る。
- 過去を表す「-었-」は「-시-」の後ろにつける。

用言語幹 + -(으)시- （+-었-, -겠-) + 語尾 （-ㅂ니다, -어요, -고…）

합니다体 現在尊敬	해요体 現在尊敬	합니다体 過去尊敬	해요体 過去尊敬	-고などの接続語尾 に続けて
(으)시+ㅂ니다 → (으)십니다	(으)시+어요 → (으)셔요 → *(으)세요	(으)시+었+습니다 → (으)셨습니다	(으)시+었+어요 → (으)셨어요	(으)시+고 → (으)시고 (으)시+었+고 → (으)셨고

例 ① 母音語幹

할아버지가 일본에 오세요. お父さんが日本に来られます。

② 子音語幹

오늘 신문을 읽으셨어요? 今日，新聞をお読みになりましたか。

③ ㄹ語幹

저분을 아셨어요? あの方をご存知でしたか。

《参考》

1) 日本語と違って，韓国語において「-시-」は動詞のみならず，形容詞，存在詞，指定詞にもつく。

例 선생님은 바쁘십니다.　先生はお忙しいです。

시간이 있으세요?　時間がおありですか。

이분이 김 선생님이십니다.　この方が金先生でいらっしゃいます。

2) 肯定の指定詞「이다」は，母音体言に続く場合，語幹「이」が省略
　　されることが多い。

例 누구세요(← 누구이세요)?　どなたですか。

3) 日本語の敬語は相対敬語であるのに対して，韓国語の敬語は絶対敬
　　語である。

例 사장님은 지금 안 계십니다.　社長は今，席を外しております。(계시다
　　이らっしゃる)

　　저희 아버지는 회사원이세요.　私の父は会社員です。

4) 해요体現在尊敬形の「-(으)세요」は丁寧な指示や命令の意味として
　　も用いられる。

例 저기로 가세요.　あちらへ行ってください。

9 - 2　**特殊な尊敬形**

（1）用言
一部の用言は日本語と同様に別の形が尊敬形になる。この場合「-시-」
はつけない。

먹다(食べる)，마시다(飲む) → 드시다・잡수시다(召し上がる)

자다(寝る) → 주무시다(お休みになる)

있다(いる) → 계시다(いらっしゃる)

없다(いない) → 안 계시다(いらっしゃらない)

말하다(言う，話す) → 말씀하시다(おっしゃる)

죽다(死ぬ) → 돌아가시다(亡くなる)

（2）名詞・助詞

이름(名前) → 성함(お名前)　　집(家) → 댁(お宅)

생일(誕生日) → 생신(お誕生日)　나이(歳)→ 연세(お歳)

말(話，ことば) → 말씀(お話，おことば)

부모님 ご両親　　　　　　　아내 분 奥さん（부인 婦人）

〜가/이 → 〜께서　　　　　〜에게/한테 → 〜께

例 선생님은 냉면을 드셨어요.　先生は冷麺を召し上がりました。

　　성함이 어떻게 되세요?　お名前は何とおっしゃいますか。

　　부모님께 전화를 했어요.　両親に電話をしました。

《参考》

「있다，없다」の尊敬形は2通りある。「いる，いない」の意味の場合は，「계시다，안 계시다」となり，「ある，ない」の意味の場合は，「있으시다，없으시다」となる。

例 이 선생님께서는 댁에 계십니다.　イ先生はお宅にいらっしゃいます。

　　오늘 약속이 있으세요? 今日，約束がおありですか。

《練習１》次の用言を例にならって活用させましょう。

例　가다 行く ▶ 가십니다/가세요/가셨습니다/가셨어요

1) 기다리다 待つ　　　　　　2) 좋아하다 好きだ

3) 크다 大きい　　　　　　　4) 없다 いない

5) 살다 住む・暮らす　　　　6) 자다 寝る

7) 받다 もらう・受け取る　　8) 먹다 食べる

9) 있다 ある　　　　　　　　10) 많다 多い

《練習2》次の文を尊敬形に言い換えた後，日本語に訳してみましょう。

1) 할머니 생일이 언제예요?

2) 이름이 무엇입니까?

3) 작년에 사장(社長)이 죽었습니다.

4) 어머니가 잡채를 먹어요.

9-3　否定形（2）不可能 못~, ~지 못하다

（1）前置否定形　🎧 9-6

・否定を表す表現が用言の前に来る否定形である。主に話し言葉で用いられる。

　못 [動詞の語幹] （+ −(으)시− + −었−）＋語尾

例　못 갑니다 （합니다体現在）　　　行けません

　　　못 가요 （해요体現在）　　　　行けません

　　　못 갔습니다 （합니다体過去）　行けませんでした

　　　못 갔어요 （해요体過去）　　　行けませんでした

・「名詞＋하다」の場合は，「하다」の直前に「못」が入る。

例　★공부 못 했어요(○)，못 공부했어요 （✕）勉強できませんでした

注 意

以下の発音の変化に注意。

못 갑니다［몯깜니다］, 못 가요［몯까요］, 못 갔어요［몯까써요］濃音化

못 옵니다［모돔니다］, 못 와요［모돠요］, 못 왔어요［모돠써요］連音化

못 만납니다［몬만남니다］, 못 만나요［몬만나요］, 못 만났어요［몬만나써요］鼻音化

못 합니다［모탐니다］, 못 해요［모태요］, 못 했어요［모태써요］激音化

（2）後置否定形

・否定を表す表現が用言の後ろに来る否定形である。書き言葉で使うことが多いが，話し言葉でも用いられる。

動詞の語幹 ＋ –지 못하 （＋ –(으)시– ＋ –었–）＋語尾

例 가지 못합니다［모탐니다］（합니다体現在）　　行けません

　　가지 못해요［모태요］（해요体現在）　　　　行けません

　　가지 못했습니다［모태씀니다］（합니다体過去）行けませんでした

　　가지 못했어요［모태써요］（해요体過去）　　行けませんでした

《参考》

1) 尊敬を表す「–시–」は「못하–」につけることもあり，前の語幹につけることもある。

例　가지 못하십니다（○），가시지 못합니다（○）　行くことができません

2)「못하다」は原則として動詞につく形である。形容詞につく場合は話者の期待を満たしていないことを表す。後置否定形のみ可能。

例　결과는 그다지 좋지 못합니다.　結果はあまりよくないです。

《練習3》次の用言を例にならって活用させましょう。

例　타다 乗る ▶ 못 타요/못 탔습니다, 타지 못해요/타지 못했습니다

1) 자다　寝る　　　　　　　　2) 놀다 遊ぶ

3) 일하다 働く　　　　　　　　4) 읽다 読む

助詞　~에게・한테, ~에게서・한테서 🎧 9-7

~에	에	所在	가방은 회사에 있어요. かばんは会社にあります。 책상 위에 교과서가 있습니다. 机の上に教科書があります。
	에, へ	到着点	한국에 메일을 보내요. 韓国にメールを送ります。
~에게 ~한테	에	所有・所在	저에게/저한테 볼펜이 있어요. 私のところにボールペンがあります。
		相手・到着点	한국 친구에게/친구한테 메일을 보내요. 韓国人の友人にメールを送ります。
~에서	から	移動の出発点	일본에서 전화가 왔어요. 日本から電話が来ました。
~에게서 ~한테서	から	移動の出発点	일본 친구에게서/친구한테서 전화가 왔어요. 日本人の友人から電話が来ました。

《参考》

1) 授受行為などの相手，到着点，所有や所在を表す助詞「に」の場合，韓国語では２つの助詞に対応する。原則的に人間や動物名詞には「에게・한테」をつけ，場所や事物名詞には「에」をつける。

2) 同様に移動の出発点を表す助詞「から」も，韓国語では２つの助詞に対応する。原則的に人間や動物名詞には「에게서・한테서」をつけ，　場所や事物名詞には「에서」をつける。

3) 助詞「에게・한테」，「에게서・한테서」の使い分けは，通常書き言葉では「에게，에게서」を用い，話し言葉では「한테，한테서」を用いることか多い。

4) 「~에게・한테」は文脈によって「～のところに」または「～にとって」と訳されることがある。

例 저에게 있어요.　私のところにあります。

　　선생님에게 가세요.　先生のところに行ってください。

　　한국 사람에게는 쉽지 않습니다.　韓国人にとっては簡単ではありません。

《練習４》次の文を韓国語に訳してみましょう。文末語尾は해요体にしてください。

1) 中国の会社にファクス(팩스)を送ります。

2) 姉(妹から見た)から服をもらいました。

3) 今朝，弟に話しました。

4) 書店から電話が来ました。

表現練習

《練習１》例にならって与えられた表現を尊敬形にしましょう。

例 _____(으)십니다.

　　지하철을 타다 　→ 　지하철을 타십니다.

1) 그분은 정말 재미있다　　　　2) 선생님은 부산에 살다

3) 우리 할아버지이다　　　　　　4) 오늘은 아빠가 요리하다

《練習２》例にならって与えられた表現を尊敬形にしましょう。

例 _____(으)셨습니다.

　　이분이 주다 　→ 　이분이 주셨습니다.

1) 약속이 없다　　　　　　　　2) 어제가 엄마 생일이다

3) 스시를 먹다　　　　　　　　4) 아주 키가 크다(背が高い)

《練習３》例にならって与えられた表現を尊敬形にしましょう。

例 _____가/이 어떻게 되세요?

　　나이 　→ 　{나이/연세}가 어떻게 되세요?

1) 이름　　　　　　　　　　　　2) 집 주소(住所)

3) 전화번호　　　　　　　　　　4) 형제

《練習4》例にならって a, b に語句を入れて，会話を完成させましょう。

例 A:＿＿＿＿＿(으)세요?　B:＿＿＿＿아/어/여요.

　　a. 주말에 보통(普通, 普段) 뭐 하다　b. 친구도 만나고 영화도 보다

　　→ A: 주말에 보통 뭐 하세요?　　B: 친구도 만나고 영화도 봐요.

1) a. 누구하고 얘기하다　b. 누나하고 얘기하다
2) a. 남편 분은 어디에서 일하다　b. 우리 남편은 은행에서 일하다
3) a. 무슨 사진을 찍다　b. 아들하고 딸의 사진을 찍다
4) a. 회사에서 집이 멀다　b. 아뇨, 멀지 않다

《練習5》例にならって a, b に語句を入れて，会話を完成させましょう。

例 A:＿＿＿＿＿(으)셨어요?　B:＿＿＿＿았/었/였어요.

　　a. 어디에 있다　b. 1층에 있다　→ A: 어디에 계셨어요?

　　　　　　　　　　　　　　　　　　B: 1층에 있었어요.

1) a. 몇 시에 자다　b. 11시에 자다
2) a. 누구에게 전화하다　b. 부모님께 전화하다
3) a. 언니는 언제 결혼하다　b. 작년에 결혼하다
4) a. 아버지는 누구를 닮다　b. 할아버지를 닮다

《練習6》例にならって会話を完成させましょう。

例 주말에 좀 쉬었다　→　A: 주말에 좀 쉬셨어요?

　　　　　　　　　　　　　B: 아뇨, 못 쉬었어요.

　　　　　　　　　　　　　　아뇨, 쉬지 못했어요.

1) 술을 잘(よく) 드시다　　　　2) 아내 분도 오다
3) 공부를 많이 했다　　　　　　4) 매일(毎日) 운동을 하다

★ **課題1 ＜読む＞**

次の文章を読んで，質問に答えてみましょう。

우리 할머니는 시골에서 혼자 사세요.

할아버지께서는 2년 전에 돌아가셨어요.

할머니는 마트에서 일을 하세요.

휴일에는 친구 분들과 여행도 가세요.

우리 가족은 일년에 두 번 할머니 댁에 가요.

할머니는 저하고 남동생을 아주 사랑하세요.

저도 할머니가 정말 좋아요.

〔語句〕시골 田舎，혼자 一人（で），전 前，휴일 休み・休日

1) 할아버지도 할머니하고 같이 사세요?

_____

2) 할머니는 무슨 일을 하세요?

_____

3) 이 사람은 일년에 몇 번 할머니 댁에 가요?

_____

★ **課題2 ＜話す＞**

尊敬形を使って，身内や友人を紹介してみましょう。

次のイ・スミさんと田中さんの会話を聞いて，質問に答えてみましょう。

〔語句〕직장 職場，전업주부 専業主婦

* 요 丁寧な言い方を作るとき用いられる形。
*「직장에 다녀요」は直訳すると「職場に通っています」となるが，意
　訳すれば「社会人です」という意味である。

(1) 内容と合っていれば〇，間違っていれば×をつけましょう。

1) 田中さんの家族は4人家族である。（　　　　）
2) イ・スミさんの姉は大学生である。（　　　　）
3) イ・スミさんと田中さんは二人とも母に似ている。（　　　　）

(2) 質問に答えましょう。

1) 수미 씨는 몇 살이에요?

_____

2) 다나카 씨 형은 어디에서 일해요?

_____

3) 다나카 씨 어머니는 직장에 다니세요?

_____

9-9

（1）出会ったときの挨拶

① 안녕하세요?　こんにちは（おはようございます，こんばんは）。

　　네，안녕하세요?

　　はい、こんにちは（おはようございます，こんばんは）。

② 안녕하십니까?　こんにちは（おはようございます，こんばんは）。

　　네，안녕하십니까?

　　はい、こんにちは（おはようございます，こんばんは）。

③ 처음 뵙겠습니다.　はじめまして。

④ 만나서 반갑습니다. / 만나서 반가워요.　お会いできてうれしいです。

⑤ 잘 부탁합니다. / 잘 부탁해요.　よろしくお願いします。

（2）別れの挨拶

① 안녕히 가세요.　さようなら。（去っていく人に対して）

　　안녕히 계세요.　さようなら。（その場に残る人に対して）

② 안녕히 가십시오.　さようなら。（去っていく人に対して）

　　안녕히 계십시오.　さようなら。（その場に残る人に対して）

③ 그럼 또 만나요.　では、また会いましょう。

④ 그럼 또 뵙겠습니다.　では、またお目にかかります。

（3）お礼の挨拶

① 고맙습니다. / 고마워요.　ありがとうございます。

　　아니에요.　いえいえ。

② 감사합니다.　ありがとうございます。

아니에요. 이에이에. / 천만에요. どういたしまして。

별말씀을요. そんなことないです（とんでもないです）。

（4）お詫びの挨拶

① 미안합니다. / 미안해요. すみません。

아니에요. 이에이에. / 괜찮아요. 大丈夫です。

② 죄송합니다. / 죄송해요. 申し訳ありません。

괜찮습니다. 大丈夫です。

（5）その他

① 어서 오세요.　いらっしゃいませ。

② （조심해서）다녀오세요.　（気をつけて）いってらっしゃい。

③ 안녕히 주무십시오. / 안녕히 주무세요.　お休みなさい。

④ 새해 복 많이 받으세요.　あけましておめでとうございます。

第10課

注文

第 10 課 **注文**

・飲食店で料理や飲み物が注文できる。

会話本文

🎧 10-1

이수연: 아, 배 고파요. 메이 씨, 뭘 드시겠어요?

슈메이: 이 집은 뭐가 맛있어요?

이수연: 이 집은 순두부찌개가 맛있어요.

슈메이: 저는 맵지 않은 음식을 먹고 싶어요.

이수연: 그래요? 그럼 된장찌개나 불고기 정식을 드세요.

슈메이: 그러면 불고기 정식으로 하겠습니다.

　　　　수연 씨는 뭘 드시겠어요?

이수연: 냉면을 먹고 싶지만 점심에도 면 요리를 먹었어요.

　　　　저는 비빔밥으로 시키겠습니다.

슈메이: 여기요. 불고기 정식 하나하고 비빔밥 한 그릇 주세요.

점　원: 네, 알겠습니다.

(잠시 후) （しばらくの後）

이수연: 저기요. 아까 시킨 음식이 아직 안 나왔어요.

점　원: 죄송합니다. 잠깐만 기다리세요.

発音

- 맵지 않은 [맵찌아는] 濃音化，ㅎの脱落
- 면 요리 [면뇨리] ㄴ挿入
- 비빔밥 [비빔빱] 特殊な濃音化
- 알겠습니다 [알게씀니다] 濃音化，鼻音化

語句

- 집 家，お店
- 그래요? そうですか。
- 된장찌개 デンジャンチゲ
- 정식 定食
- 면 요리 麺料理

- 순두부찌개 スンドゥブチゲ
- 그럼 では
- ~(이)나 ~か，~や（選択・羅列）
- 그러면 それなら
- 잠깐만 기다리세요 少しお待ちください

基本語句 7

🎧 10-3

1．飲食名詞（2）

밥 ご飯	국 汁，スープ	반찬〔飯饌〕おかず
안주〔按酒〕おつまみ	소고기 牛肉	돼지고기 豚肉
닭고기 鶏肉	고추 唐辛子	마늘 にんにく
소금 塩	설탕〔雪糖〕砂糖	간장〔-醬〕醬油
음료수 [음뇨수] 飲み物，飲料水	홍차 紅茶	녹차 緑茶
맥주〔麦酒〕ビール	소주〔燒酒〕焼酎	막걸리 マッコリ

2．その他

음식 食べ物，飲食，料理，食事	요리 料理	맛 味
메뉴 メニュー	계산서〔計算書〕伝票	
영수증〔領收證〕領収書	숟가락 さじ，スプーン	
젓가락 箸	실례 失礼	
일 仕事，こと	~것 〜もの，〜こと，〜の	

~곳 〜ところ

그릇 ①器，容器 ②(固有語の数詞につけて)器に盛った食べ物を数える語

~인분〔人分〕〜人前，(漢字語の数詞につけて)その程度の人数が
食べる食べ物の量を数える語

시키다 注文する	주문하다 注文する	나오다 出てくる
나가다 出ていく	계산하다 計算する，支払う	
옛날 昔	잘 よく，うまく	먼저 まず，先に
아직 まだ	벌써 もう，すでに	아까 さっき，先ほど

쓰다¹ (으変) 書く   쓰다² (으変) 使う　모으다(으変) 集める

바쁘다(으変) 忙しい   아프다(으変) 痛い, 体調が悪い

나쁘다(으変) 悪い   기쁘다(으変) 嬉しい

슬프다(으変) 悲しい   따르다¹ (으変) 注ぐ

따르다² (으変) 従う   예쁘다(으変) かわいい, きれいだ, 美しい

배(가)고프다(으変) 空腹だ

여기요 ① (何かを渡すときに用いて) どうぞ

　　　 ② (店員などを呼ぶときに用いて) すみません

저기요 (人に話しかけるときに用いて) すみません

계산해 주세요. お会計（ご勘定）お願いします。

3. 食べ物の味

달다 甘い   짜다 塩辛い, しょっぱい   맵다 辛い

시다 酸っぱい   쓰다³ (으変) 苦い   싱겁다 (味が) 薄い

4. 食事時の挨拶

① 食事前

　A: {많이/맛있게} 드세요.　{たくさん/おいしく}召し上がってください。

　B: 네, 잘 먹겠습니다.　はい, いただきます。

② 食事中

　A: 입맛에 맞으세요?　お口に合いますか。

　B: 네, 정말 맛있어요.　はい, 本当においしいです。

　A: 좀 더 드시겠어요?　もう少し召し上がりますか。

　B: 괜찮습니다. 많이 먹었습니다.　大丈夫です。たくさん食べました。

③ 食事後

　잘 먹었습니다. ごちそうさまでした。

- 連体形(1) 現在・過去・回想 〜는，〜(으)ㄴ，〜던，〜았/었던
- 〜겠 意志・推量
- 〜고 싶다 〜したい（希望・願望の表現）
- 〜지만 〜（する）が，〜（する）けれども（逆接の語尾）
- 으変則

文法及び表現

10 - 1　連体形（1）現在・過去・回想　🎧10-4

・体言（名詞・代名詞・数詞）の前でそれらを修飾する用言の形。日本語では終止形をそのまま連体形として使うことが多いが，韓国語では用言の種類や時制によってそれぞれ異なる形となる。

例　小さいカバン（작은 가방），働く人（일하는 사람），

　　好きだった料理（좋아했던 요리）

★規則を参考にして連体形を作りながら身につけましょう。

（1）現在連体形

1）動詞の現在連体形：~는

・母音語幹と子音語幹ともに「는」をつける。

・ㄹ語幹は，語幹の「ㄹ」を脱落させて「는」をつける。

　① 모르다（知らない・わからない）　단어（単語）▸ 모르는 단어

　② 좋아하다（好きだ）　음식（食べ物）▸

　③ 사진을 찍다（写真を撮る）　여자（女の人）▸

　④ 알다（知る・わかる）　사람（人）▸

2）存在詞の現在連体形：~는

・「있다，없다」で終わる存在詞の場合も動詞と同様に語幹の後ろに「는」をつける。

　① 저기에 있다（あそこにいる）　사람（人）▸ 저기에 있는 사람

　② 교과서가 없다（教科書がない）　학생（学生）▸

　③ 재미없다（面白くない）　영화（映画）▸

　④ 맛있다（おいしい）　라면（ラーメン）▸

3）形容詞・指定詞の現在連体形：~(으)ㄴ

・母音語幹には「ㄴ」をつけ，子音語幹には「은」をつける。

・ㄹ語幹は，語幹の「ㄹ」を脱落させて「ㄴ」をつける。

① 바쁘다(忙しい)　날(日)　▶ 바쁜 날

② 작다(小さい)　가방(がばん)　▶

③ 달다(甘い)　음식(食べ物)　▶

④ 과일이 아니다(果物でない)　것(もの)　▶

注 意

日本語の「宮城が故郷の人」は，韓国語では「미야기가 고향의 사람」ではなく，連体形を使って「미야기가 고향인 사람」としなければならない。

（2）過去連体形

1）動詞の過去連体形：~(으)ㄴ

・母音語幹には「ㄴ」をつけ，子音語幹には「은」をつける。

・ㄹ語幹は，語幹の「ㄹ」を脱落させて「ㄴ」をつける。

① 그저께 보냈다(おととい送った)　메일(メール)　▶ 그저께 보낸 메일

② 생일에 받았다(誕生日にもらった)　선물(プレゼント)　▶

③ 제가 만들었다(私が作った)　도시락(弁当)　▶

2）形容詞・存在詞・指定詞の過去連体形：~던, ~았/었던

・「던」は語幹の種類に関係なく常に「던」をつける。

① 비쌌다((値段が)高かった)　가게(お店)　▶ 비쌌던(비싸던) 가게

② 좋았다(よかった)　것(もの・こと)　▶

③ 여기에 있었다(ここにあった)　책(本)　▶

④ 우체국이었다(郵便局だった)　곳(ところ)　▶

注 意

1) 以下の発音の変化に注意。

찍는［찡는］, 읽는［잉는］, 듣는［든는］, 잡는［잠는］, 없는［엄는］ 鼻音化

잃는［일른］ 流音化

2) 尊敬の「-시-」は連体形の前に入る。

> **例** 회식에 가시는 분 （飲み会に行かれる方）

3) 指定詞「이다」の過去連体形は，母音体言に続くと「-이었-」が縮約されて「-였-」となる。

> **例** 기자였던 사람　記者だった人

4) 連体形のように動詞か形容詞かによってつく形が違う語尾の場合，否定形の「-지 않다」の活用は前の用言語幹の種類にしたがう。

> **例** 가지 않는 사람 （行かない人）　바쁘지 않은 사람 （忙しくない人）
>
> 가지 않은 사람 （行かなかった人）
>
> 바쁘지 않았던 사람 （忙しくなかった人）

（3）回想連体形 : ~던, ~았/었던

- 「~던, ~었던」が動詞につくと回想のニュアンスで用いられる。

  ① 미국에서 다녔다（アメリカで通っていた） 학교（学校）

  　▶ 미국에서 다녔던（다니던） 학교

  ② 옛날에 살았다（昔住んでいた） 집（家） ▶

《参考》

1) 「~(으)ㄴ」は，過去の出来事を客観的な視線で，すでに完了した事態として述べるニュアンスを持ち，「~던/~았/었던」は，その出来事が起きたことに立ち入って，その最中に立って述べるようなニュアンスを持っている。そのため「回想」の意味を持つことになる。

2) 「~던」と「~았/었던」が昔のことを思い出す回想の用法として使われるときはほぼ同じ意味になるが，「~았/었던」の方が現在との断絶のニュアンスが強いと言える。また，動詞によって以下のような意味の違いが生じることもある。

> **例** 옛날에 자주 {마시던/마셨던} 커피예요.
> 昔よく飲んでいたコーヒーです。
>
> ：ほぼ同じ意味

제가 마시던 커피예요.　私が飲んでいたコーヒーです。

　: 飲んでいる途中でコーヒーが残っている場合

어제 마셨던 커피예요.　昨日, 飲んだ（飲んでいた）コーヒーです。

　: 昨日コーヒーを飲んでいたときを思い出して述べるだけで, 飲
　　む行為はすでに終わっている場合

10 - 2　~고 싶다　🎧 10-5

・希望や願望の意味を表す。日本語の「〜したい」に当たる表現。
・動詞や있다の語幹につける。

動詞・있다の語幹 + -고 싶다

例　저도 가고 싶어요.　私も行きたいです。

　삼겹살을 먹고 싶습니다.　サムギョプサルを食べたいです。

　주말에는 집에 있고 싶었어요.　週末には家に居たかったです。

　갖고 싶은 것　ほしいもの（買いたいもの, 手に入れたいもの）

《参考》

1) 日本語と同様に「〜 고 싶다」の対象になる体言には, 助詞「가/
　이」と「를/을」どちらを使ってもよいが, 「-를/을 〜 고 싶다」と
　言うことが多い。

例　뭐를(뭐가) 먹고 싶어요? 何を(何が)食べたいですか。

2) 「싶다」は形容詞であるため, 現在連体形は「싶은」, 過去連体形は
　「싶었던, 싶던」となる。

3) 3人称主語の場合は, 「 〜 고 싶어하다（〜したがる）」が用いら
　れる。

例　딸은 의사가 되고 싶어합니다.　娘は医者になりたがっています。

~겠　意志・推量

用言語幹 （+ -(으)시- + -었-） + -겠- + 語尾

（1）意志・意向（〜する）

・話し手や聞き手の意志や意向を表す。主語は1人称・2人称

例　토요일에 몇 시에 오시겠습니까?　土曜日は何時においでになりますか。

　　10시까지 오겠습니다.　10時までに来ます。

　　그럼, 먼저 가겠습니다.　では, 先に行きます。（先に失礼します）

（2）推量（〜だろう, 〜しそうだ）

・まだ起きていないことや話者が把握していないことについての推量を表す。原則的に主語の制約はないが, 3人称が多い

・「-었-」は完了の意味を持ち, 「-었겠-」はすでに終わったことについての推量を表す。

例　내일은 비가 오겠습니다.　明日は雨が降るでしょう。

　　피자가 아주 맛있겠어요.　ピザがとてもおいしそうです。

　　좀 힘드시겠어요.　ちょっと大変でしょう。

　　와, 좋겠어요.　あ, いいですね。（いいでしょう）

　　비행기는 벌써 도착했겠어요.

　　飛行機はもう着いたと思います。

（3）控えめな気持ちを表す慣用的表現

例　A: 아시겠어요?　おわかりになりましたか。

　　B: 네, 알겠습니다. / 아뇨, 잘 모르겠습니다.

　　　はい, わかりました。/ いいえ, よくわかりません。

　　잘 먹겠습니다.　いただきます。

《練習1》日本語の文は韓国語に，韓国語の文は日本語に訳してみましょう。

1) 제가 계산하겠습니다.

2) 거기 간장 좀 주시겠어요?

3) 이 홍차는 좀 비쌌겠어요.

4) 友達がバイトしているところで会いましょう。

5) この料理は少し辛そうです。

6) 唐辛子とにんにくをちょっと買いたかったです。

10 - 4 ~지만 10-7

- 「逆接」の意味を表す接続語尾。前の内容を認めながら，反意の意見 などをつけ加えるときに使う。日本語の「〜が」，「〜けれど(も)」 に当たる。
- 語幹の種類に関係なく常に「지만」をつける。

用言語幹 （+ −(으)시− + −었−/−겠−）+ -지만

例 이 책은 어렵지만 재미있습니다.　この本は難しいですが，面白いです。

한국말을 배웠지만 잘 못 해요.

韓国語を学びましたけれども，上手にできません。

《練習2》日本語の文は韓国語に，韓国語の文は日本語に訳してみましょう。

1) 조금 춥지만 괜찮습니다.

2) 그 사람을 만났지만 얘기는 못 했어요.

3) 失礼ですが，お名前は何とおっしゃいますか。

4) 旅行に行きたかったですが，時間がなかったです。

으変則　　　🎧10-8

・語幹末の母音字が「ㅡ」で終わる用言は，르変則（10課）と러変則（10課）のものを除いて，すべて으変則用言である。

・-아/어で始まる語尾が続くと，語幹末の母音字「ㅡ」が脱落する。

> 모으다(集める)：모으 + 아요 → 모아요
>
> 　　　　　「ㅡ」脱落後陽母音
>
> 예쁘다(かわいい)：예쁘 + 어요 → 예뻐요
>
> 　　　　　「ㅡ」脱落後陰母音
>
> 쓰다(書く)：쓰 + 어요 → 써요
>
> 　　　　陰母音扱い

	〜아/어요	〜(으)ㄴ	〜지만
모으다(集める)	모아요	모은	모으지만
예쁘다(かわいい)	예뻐요	예쁜	예쁘지만
쓰다(書く)	써요	쓴	쓰지만

・으変則用言

바쁘다(忙しい)，나쁘다(悪い)，아프다(痛い)，잠그다(鍵をかける)，따르다[1](注ぐ)，따르다[2](従う)，배(가)고프다(空腹だ)，모으다(集める，ためる)，예쁘다(かわいい・きれいだ)，기쁘다(嬉しい)，슬프다(悲しい)，들르다(立ち寄る)，크다(大きい)，쓰다[1](書く)，쓰다[2](使う)，쓰다[3](苦い)，끄다(消す) …

例 주말에는 좀 바빴습니다.　週末はちょっと忙しかったです。

영화가 너무 슬퍼요.　映画がとても悲しいです。

형은 저보다 키가 커요.　兄は私より背が高いです。

《練習3》次の用言を例にならって活用させましょう。

例 바쁘다(忙しい) ▶ 바빠요/바빴어요/바쁜(形容詞は現在連体形，動詞は過去連体形に)/바쁘고

1) 아프다 痛い

2) 나쁘다 悪い

3) 따르다 従う，注ぐ

4) 크다 大きい

5) 잠그다 鍵をかける

6) 기쁘다 嬉しい

7) 끄다 消す

8) 배가 고프다 空腹だ

表現練習

《練習1》例にならって語句を入れて，会話を完成させましょう。

例 비빔밥 1 → A: 뭘 드릴까요? （何になさいますか。）

　　　　　　　　B: 비빔밥 하나 주세요.

1) 순두부찌개 1개

2) 삼겹살 5인분

3) 김밥 3줄(本)

4) 짜장면 2하고 짬뽕 1그릇

《練習2》例にならって語句を入れて，会話を完成させましょう。

例 A: _____(으)시겠습니까?　B: _____겠습니다.

조금 더 기다리다　A: 조금 더 기다리시겠습니까?

　　　　　　　　B: 네, 조금 더 기다리겠습니다.

1) 먼저 가다

2) 치킨을 먹다

3) 언제 오다(내일 2시)

4) 이걸로 하다(그거)

《練習３》例にならって語句を入れて，文を作ってみましょう。

例　_____겠어요.

이 귤은 좀 시다 → 이 귤은 좀 시겠어요.

1) 우동이 아주 맛있다　　　2) 좀 싱겁다
3) 많이 힘들었다　　　　　4) 선생님은 벌써 오셨다

《練習４》例にならって語句を入れて，会話を完成させましょう。

例　주말에 뭐 하다(좀 쉬다) → A: 주말에 뭐 하고 싶으세요?
　　　　　　　　　　　　　　 B: 좀 쉬고 싶어요.

1) 음료수는 뭘 드시다(녹차)　　2) 누구하고 여행을 가다(친구)
3) 어떤 영화를 보다(코미디 영화) 4) 뭘 전공하다(경제학(経済学))

《練習５》例にならって連体形を使って文を作ってみましょう。

例　잘 가르치다 / 선생님이세요. → 잘 가르치는 선생님이세요.

1) 맵고 짜다 / 음식은 건강(健康)에 안 좋아요.
2) 아까 시켰다 / 안주가 아직 안 나왔어요.
3) 여기에 있었다 / 사람은 벌써 갔어요.
4) 안 좋아하다 / 디저트가 있으세요?
5) 좋지 않다 / 일이 있었어요.
6) 휴대폰으로 사진을 찍다 / 사람이 많아요.
7) 달다 / 음식을 싫어해요.
8) 옛날(昔)에 자주 왔다 / 가게예요. (回想連体形に)

《練習６》例にならって a, b に語句を入れて，文を作ってみましょう。

例　_____a_____지만_____b_____.

a. 술을 좋아하다　　b. 잘 못 마시다

→ 술을 좋아하지만 잘 못 마셔요.

1) a. 마음에 들다(気に入る) b. 조금 비싸다
2) a. 영수증을 받았다 b. 잃어버렸다 (잃어버리다 なくす)
3) a. 배가 부르다(おなかがいっぱいだ) b. 조금 더 먹고 싶다
4) a. 외국(外国) 사람이다 b. 발음(発音)이 아주 좋다
5) a. 많이 먹었다 b. (돈은) 별로(あまり・それほど) 많이 안 나왔다

《練習７》例にならって語句を入れて，文を作ってみましょう。

例　문을 잠그다 (ドアにカギをかける) → 문을 잠갔어요.

1) 정말 배가 고프다　　　　　　　2) 어제는 좀 아프다
3) 아르바이트로 돈을 모으다　　　4) 영화를 보고 슬프다
5) 이름하고 연락처(連絡先)를 쓰다　6) 주말에는 바쁘다

★ **課題1 ＜話す＞**

次のメニューを見て，例にならって話してみましょう。

서울 분식 （ソウル粉食）		마포 갈비 （マポカルビ）		카페 라리 （カフェラリ）	
김치찌개	4500원	삼겹살	9000원	아메리카노	3500원
순두부찌개	5000원	돼지갈비	8000원	카페라테	4000원
돌솥비빔밥	6000원	불고기	10000원	녹차	3500원
김밥	3000원	갈비탕	5500원	홍차	4000원
떡볶이	3500원	냉면	4000원	치즈케이크	4500원
라면	2500원	된장찌개	3500원	와플	4000원

例 하야시: 여기요. 메뉴 좀 주세요.

점　원: 네, 여기 있습니다.

하야시: 뭘 드시겠어요?

이수진: 저는 돌솥비빔밥을 먹고 싶어요. 하야시 씨는요?

하야시: 저는 김밥도 먹고 싶고 떡볶이도 먹고 싶어요. 떡볶이는 같
이 먹어요.

이수진: 좋아요. 여기요. 돌솥비빔밥 하나하고 김밥 하나, 떡볶이
일인분 주세요.

점　원: 네, 알겠습니다. 잠깐만 기다리세요.

★ **課題2 ＜読む＞**

次の文章を読んで，質問に答えてみましょう。

한국의 식사 예절

나라마다 식사 예절이 다릅니다. 오늘은 한국의 식사 예절을 소
개하겠습니다. 한국에서는 어른이 먼저 식사를 시작한 후에 다른
사람들도 식사를 합니다. 그리고 일본에서는 밥그릇을 손에 들고
먹지만 한국에서는 밥그릇은 상에 놓고 먹습니다.

한국 사람은 식사 때 보통 밥하고 국이나 찌개, 그리고 반찬을 먹습니다. 일본에서는 젓가락만 쓰지만 한국에서는 숟가락과 젓가락을 같이 씁니다. 밥과 국은 숟가락으로 먹고 반찬은 젓가락으로 먹습니다.

요즘은 가족들하고 같이 식사를 하는 일이 많이 없지만 옛날에는 다 같이 식사를 했습니다. 식사 예절도 잘 지켰습니다. 바쁘지만 주말에는 가족들과 식사를 하고 싶습니다.

〔語句〕 ~마다 ～ごとに 예절 礼節・作法， 다르다 違う・異なる，
소개 紹介， 어른 大人・目上の人， 시작하다 はじめる， 후 後，
다른 ほかの， 그리고 そして， 밥그릇 茶碗・食器， 손 手，
들다 持つ， 상〔床〕膳・テーブル， 놓다 置く， 때 時， 보통
普通， ~(이)나 ～か，～や (選択)， 요즘 最近， 다 全部・全
員， 지키다 守る

1) 한국 사람들은 식사로 보통 무엇을 먹습니까?

_____

2) 한국에서도 젓가락만 씁니까?

_____

3) 한국에서도 밥그릇을 손에 들고 먹습니까?

_____

4) 요즘 한국 사람들은 가족들하고 자주(よく) 식사를 합니까?

_____

食堂でのミランさんと今田さんの会話を聞いて，質問に答えてみましょう。

〔語句〕 ~(으)ㄹ게요 ［께요］　~します(ね)，샐러드 サラダ，추가 追加，후 後，아니면 それとも，

1) 이마다 씨와 미란 씨는 무슨 음식을 시켰습니까?

_____

2) 이마다 씨와 미란 씨는 둘 다 샐러드를 시켰습니까?

_____

3) 커피는 언제 마십니까?

_____

参考1-料理名

불고기 プルゴギ	삼겹살 サムギョプサル	갈비 カルビ
비빔밥[비빔빱]ビビンバ	돌솥비빔밥 石焼ビビンバ	냉면 冷麺
삼계탕 〔参鶏湯〕サムゲタン	보쌈 ポサム	잡채 〔雑菜〕チャプチェ
파전 ネギチヂミ	순두부찌개 〔-豆腐-〕スンドゥブチゲ	
김치찌개 キムチチゲ	된장찌개 〔-醤〕デンジャンチゲ	부대찌개 〔部隊-〕プデチゲ
라면 〔拉麺〕ラーメン	김밥[김빱] キンパプ	떡볶이 トッポッキ
초밥/스시 〔醋-〕寿司	생선회/사시미 〔生鮮膾〕刺身	우동 うどん
짜장면/자장면 〔-麺〕ジャージャー麺	짬뽕 ちゃんぽん	만두 〔饅頭〕ギョーザ
피자 ピザ	파스타 パスタ	햄버거 ハンバーガー

第11課

計画・経験

目標

・学校の休みや連休の予定について話すことができる。
・卒業後の進路について話すことができる。
・過去の経験について話すことができる。

会話本文

🎧 11-1

노무라 : 수연 씨는 겨울 방학 때 뭐 할 거예요?

이수연 : 저는 중국 여행을 갈 생각이에요.

노무라 : 와, 좋겠어요. 중국에서 뭘 하고 싶어요?

이수연 : 맛있는 중국 음식도 먹고 싶고 중국의 젊은 사
람들과 얘기도 해 보고 싶어요.

노무라 : 수연 씨는 중국어도 잘해요?

이수연 : 아뇨, 중국어는 잘 몰라요. 메이 씨한테서 조금
배웠어요.
노무라 씨는 중국에 가 본 적 있어요?

노무라 : 아뇨, 못 가 봤어요.
나중에 한번 가 보고 싶어요.

이수연 : 그런데 노무라 씨는 이번 방학 때 뭐 할 거예요?

노무라 : 저는 고향에 돌아갈 거예요.

오래간만에 가족도 만나고 운전면허도 딸 계획
이에요.

発音

・할 거예요 [할꺼에요] 濃音化
・중국 여행 [중궁녀행] ㄴ挿入, 鼻音化
・좋겠어요 [조케써요] 激音化

語句

・젊다 若い
・돌아가다 帰る, 戻っていく
・운전면허를 따다 運転免許を取る

・잘하다 上手だ
・오래간만에 久しぶりに
・계획 計画

基本語句 8

🎧 11-3

1. 時間名詞（2）

지난주〔-週〕先週　　　　　이번 주〔-週〕［-쭈］今週

다음 주〔-週〕［-쭈］来週　　지난달 先月

이번 달［-딸］今月　　　　　다음 달［-딸］来月

작년 去年, 昨年　　올해・금년 今年　　내년 来年

지난번〔-番〕この前, この間　이번〔-番〕今回, 今度, 今〜

지난 先〜　　　　　　　　　다음 次, 次の, 来〜

봄 春　　　　여름 夏　　　　가을 秋　　　　겨울 冬

2. 接続詞

그리고 そして, それから　　　그래서 それで

그렇지만 しかし　　　　　　　그런데 ところで

근데 ところで（話しことばで）　하지만 けれど（話しことばで）

그러면 それなら, そうすると　　그럼 では, それでは

그래도 それでも

3. その他

연휴 連休　　방학〔放學〕学校の長期休み　　외국 外国

입학 入学　　　　　　졸업 卒業　　　　　취직 就職

대학원 大学院　　　　진학 進学　　　　　문 門, ドア, 扉

창문〔窓門〕窓　　　　때 とき　　　　　　쯤 〜頃, 〜ぐらい

이쪽 こちら　　　　그쪽 そちら　　　　저쪽 あちら

여러 いろいろな　　　cf) 여러 가지 いろんな種類

열심히 [열씨미] 熱心に，一生懸命

너무 あまりにも，すごく　　나중에 後で，後日　혼자(서) 一人で

한번 一度　　　　　아마 たぶん，おそらく　　꼭 必ず，ぜひ

일찍 早く　　　　늦게 遅く　　　　　　어리다 幼い

열다 開ける　　　　닫다 閉める　　　　　사귀다 付き合う

다르다(르変) 違う，異なる　　　모르다(르変) 知らない

고르다(르変) 選ぶ　　　　자르다(르変) 切る

기르다(르変) 飼う，育てる　　부르다[1] (르変) 歌う

부르다[2] (르変) 呼ぶ　　　　배(가)부르다(르変) 腹いっぱいだ

따뜻하다 [따뜨타다] 暖かい　　시원하다 涼しい，さわやかだ

文法および表現 8

- 連体形(2) 未来 ～(으)ㄹ
- ～(으)ㄹ 것이다 ～（する）だろう，～（する）と思う，～（する）はずだ
- 連用形 ～아/어
- ～아/어 보다 ～してみる
- ～(으)ㄴ 적(이) 있다/없다 ～したことがある/ない
- 르変則

11-1 連体形（2）未来

🎧 11-4

- 基準になる時点より以降に生じる出来事を表すのに用いられる。
- 母音語幹には「ㄹ」をつけ，子音語幹には「을」をつける。
- ㄹ語幹は，語幹の「ㄹ」を脱落させて「ㄹ」をつける。結果として語幹と同じ形になる。

★ 規則を参考にして連体形を作りながら身につけましょう。

① 저녁에 보다(夜に見る)　영화(映画) ▶ 저녁에 볼 영화
② 내일 입다(明日着る)　옷(洋服) ▶
③ 크리스마스 파티 때 만들다(クリスマスパーティーのときに作る)
　음식(食べ物・料理) ▶

- 「생각(考え，思い)，예정(予定)，계획(計画)，때(とき)」などは必ず未来連体形と一緒に使わなければならない。したがって，「~(으)ㄹ 생각이다 ～（する）つもりだ」，「~(으)ㄹ 때 ～（する）とき，~았/었을 때 ～（した）とき」の形になる。

例　내년에 결혼할 생각입니다.　来年，結婚するつもりです。

졸업하고 언론사에 취직할 계획이에요.
卒業した後マスコミに就職する計画です。

겨울에 한국에 갈 때는 따뜻한 옷을 가지고 가세요.
冬に韓国へ行くときは暖かい服を持っていってください。

지난번에 한국에 갔을 때 산 거예요.
この間，韓国に行ったとき買ったものです。

注意

未来連体形「~(으)ㄹ」に平音で始まる形式名詞の「것(もの，こと，の)，곳(ところ)，데(ところ)」などが続くと濃音で発音される。

例 할 것 ［할껃］ すること，갈 데 ［갈떼］ 行くところ

《練習 1》日本語の文は韓国語に，韓国語の文は日本語に訳してみましょう。

1) 다음 주에 할 일이 너무 많아요.

2) 일요일에는 늦게까지 잘 생각이에요.

3) 슈퍼에서 먹을 것을 좀 샀어요.

4) 映画を見るときポップコーン (팝콘) を食べます。

5) 地下鉄で読む本を買いました。

6) 明日は一日中 (하루 종일) 娘と遊ぶつもりです。

| 11 - 2 | ~(으)ㄹ 것이다 | 🎧 11-5 |

・未来連体形 + 것이다

用言語幹 (+ -(으)시-) + -(으)ㄹ 것이다

・합니다体　～(으)ㄹ 것입니다/겁니다 ［꺼심니다/껌니다］　★発音に注意！

　해요体は　～(으)ㄹ 거예요 ［꺼에요］　★発音に注意！

（1）予定・計画・意向 （～する，～つもりだ）

・話し手の予定や意向を表したり，聞き手の予定や計画を尋ねる。主語
　は 1 人称・2 人称。

例 이번 주말에 뭐 하실 거예요?　今週末に何をなさるつもりですか。

　오래간만에 집에서 쉴 거예요.　久しぶりに家で休むつもりです。

　이번 연휴 때는 여행을 갈 겁니다.　今度の連休のときは旅行に行きます。

（2）推量（〜だろう，〜はずだ，〜と思う）

・まだ起きていないことや話者が把握していないことについての推量や推測
を表す。主語は主に3人称。

・「-었을 것이다」はすでに終わったことについての推量や推測を表す。

例 우리 팀이 이길 거예요.　我々のチームが勝つでしょう。

　　 우리 팀이 이겼을 거예요.　我々のチームが勝ったでしょう。

　　 아마 그분은 결혼했을 거예요.　おそらくあの方は結婚しているはずです。

　　 다나카 씨는 좀 늦게 올 겁니다.　田中さんは少し遅れると思います。

《練習2》週末や冬休みの予定について，話し合ってみましょう。

例 A : 겨울 방학에 뭐 할 거예요?　冬休みに何をするつもりですか。

　　 B : 고향에 갈 거예요.　実家に帰るつもりです。

11 - 3	連用形

・해요体から「요」を取り除いた形。

用言語幹	＋ 아/어/여	**例** 살아, 먹어, 해(←하여)

・連用形の後に様々な形態が続いて多様な文法表現を作る。

例 읽다 → 읽어 → 책을 읽어요（本を読みます）

　（読む）　　　　책을 읽어서（本を読んで）

　　　　　　　　책을 읽어 봅니다（本を読んでみます）

　　　　　　　　책을 읽어 줍니다（本を読んであげます/読んでくれ
ます）

~아/어 보다 🎧 11−6

- 連用形 ＋ 보다

- 試みや経験を表す。「〜してみる」に当たる表現。

例　한번 드셔 보세요.　一度，召し上がってみてください。
　　외국에서 살아 봤어요.　外国で暮らしてみました。
　　한국 대학교에서 공부해 보고 싶어요.
　　韓国の大学で勉強してみたいです。

11 − 5　~(으)ㄴ 적(이) 있다/없다 🎧 11−7

- 過去の経験を表す。「〜したことがある/ない」に当たる表現。

　用言語幹　(＋ −(으)시−)＋(으)ㄴ 적(이) 있다/없다

例　자전거 여행을 한 적이 있어요.　自転車旅行をしたことがあります。
　　선물로 한국 김을 받은 적이 있습니다.
　　お土産で韓国の海苔をもらったことがあります。
　　저는 한국 음식을 만들어 본 적이 없습니다.
　　私は韓国料理を作ったことがありません。

《練習3》日本語の文は韓国語に，韓国語の文は日本語に訳してみましょう。

1) 한국 술을 마셔 본 적이 있어요.
2) 그 회사에서 일해 보고 싶습니다.
3) 생일 선물(プレゼント)로 시계를 받은 적이 있어요.
4) そちらに電話してみましたか。

5) 後日，一度行ってみてください。

6) カラオケで韓国の歌を歌ったことがありません。

르変則 　　　　　　　　　　🎧 11-8

・語幹末の母音字が「르」で終わる用言は，一部を除いて르変則用言と
　なる。
・–아/어で始まる語尾が続くと，語幹末の「ー」が脱落するとともに
　「ㄹ」が追加される。

다르다(違う・異なる)：다르 + 아요 → 달라요
　　　　　　　　　　　「ー」脱落後陽母音
기르다(育てる・飼う)：기르 + 어요 → 길러요
　　　　　　　　　　　「ー」脱落後陰母音

	～아/어요	～(으)ㄴ	～지만
다르다(違う・異なる)	달라요	다른	다르지만
기르다(育てる・飼う)	길러요	기른	기르지만

・ 르変則用言
　다르다(違う・異なる)，자르다(切る)，빠르다(速い・早い)，모르다
　(知らない・わからない)，고르다(選ぶ)，오르다(上がる・登る)，기
　르다(育てる・飼う)，부르다¹(歌う)，부르다²(呼ぶ)，배(가)부르다(腹
　いっぱいだ)，누르다(押さえる)，흐르다(流れる)，이르다(早い) …

例 저는 아무것도 몰라요.　私は何も知りません。

　노래방에서 한국 노래를 불렀어요.　カラオケで韓国の歌を歌いました。

注 意

1) 「따르다¹(従う), 따르다²(注ぐ), 들르다(立ち寄る), 치르다(支払う), 다다르다(至る)」は으変則用言である。

2) 「이르다(至る), 푸르다(青い)」は러変則用言である。러変則用言はこの２語のみ。
   -아/어で始まる語尾が続くと、「어」が「러」に変わる。

例 이르렀어요(至りました), 푸르러요(青いです)

《練習４》 次の用言を例にならって活用させましょう。

例 다르다 (違う・異なる) ▶ 달라요/달랐어요/다른 (形容詞は現在連体形、動詞は過去連体形に)/다르고

1) 자르다 切る   2) 따르다 従う

3) 배부르다 腹いっぱいだ   4) 흐르다 流れる

5) 들르다 立ち寄る   6) 빠르다 速い・早い

7) 고르다 選ぶ   8) 모르다 わからない

＊「모르다」は特別な動詞で、過去連体形は「모른」ではなく「몰랐던(모르던)」となる。

表現練習

《練習１》 例にならって語句を入れて、文を作ってみましょう。

例 ＿＿＿＿＿잘 보내세요.

　　주말 → 주말 잘 보내세요.

1) 방학   2) 연휴

3) 크리스마스   4) 설날(韓国の正月)

《練習2》例にならって未来連体形を使って文を作ってみましょう。

例 연말(年末)에 보내다 / 카드를 샀어요. → 연말에 보낼 카드를 샀어요.

1) 다음 주에는 하다 / 일이 많아요.

2) 냉장고(冷蔵庫)에 먹다 / 게 없어요.

3) 퇴직(退職)하고 시골(田舎)에서 살다 / 생각입니다.

4) 연휴 때는 가게 문을 닫다 / 예정(予定)이에요.

5) 따뜻하다 / 때 드세요.

6) 어렸다 / 때 꿈(夢)은 변호사였어요.

《練習3》例にならってa, bに語句を入れて，会話を完成させましょう。

例 A: ___a___ (으)ㄹ 거예요?　B: ___b___ (으)ㄹ 거예요.

　　a. 주말에 뭐 하다　b. 시험 공부를 하다 →

　　A: 주말에 뭐 할 거예요?　　B: 시험 공부를 할 거예요.

1) a. 언제 언니 집에 가다　b. 다음 달에 가다

2) a. 졸업하고 뭐 하다　b. 회사에 취직하다

3) a. 어떻게 돈을 모으다　b. 아르바이트로 돈을 모으다

4) a. 면접(面接) 갈 때 무슨 옷을 입다　b. 검은색(黒) 정장(スーツ)을 입다

《練習4》例にならって語句を入れて，文を作ってみましょう。

例 _____아/어 보세요.

　　한번 입다 → 한번 입어 보세요.

1) 한번 신다(履く)　　　　　　　2) 대학생 때 외국에 꼭 가다

3) 박물관(博物館)도 꼭 구경하다　　4) 이 음식도 먹다

《練習5》例にならって語句を入れて，文を作ってみましょう。

例 _____아/어 봤어요.

   기모노를 입다 → 기모노를 입어 봤어요.

1) 스키(スキー)를 타다   2) 일본어를 가르치다
3) 한국어로 메일을 쓰다   4) 삼계탕은 아직 못 먹다

《練習6》例にならって語句を入れて，会話を完成させましょう。

例 A: _____(으)ㄴ 적이 있어요?

   B: 네, _____(으)ㄴ 적이 있어요. / 아뇨, _____(으)ㄴ 적이 없어요.

   닭갈비를 먹다 → 닭갈비를 먹은 적이 있어요?

                  네, 먹은 적이 있어요. /아뇨, 먹은 적이 없어요.

1) 외국 친구를 사귀다   2) 떡볶이를 먹어 보다
3) 연예인(芸能人)하고 사진을 찍다   4) 한복을 입어 보다

《練習7》例にならって文を作ってみましょう。

例 물가가 또 오르다 (過去形に)

   → 물가가 또 올랐어요. (物価がまた上がりました。)

1) 문장(文)의 의미(意味)는 잘 모르다 (現在形に)
2) 이쪽하고는 좀 다르다 (現在形に)
3) 누가(誰かが) 제 이름을 부르다 (過去形に)
4) 어릴 때 개를 기르다 (過去形に)
5) 지난주에 머리를 자르다 (過去形に)
6) 메뉴는 제가 고르다 (過去形に)

★ **課題 1 ＜話す＞**

次の表を見て，自分の将来の計画について書いてみましょう。また，友達の将来の計画を聞いてみましょう。

	例
1) 졸업하고 뭐 할 거예요? (취직→2, 대학원 진학→3)	저는 졸업 후에 회사에 취직을 할 생각이에요.
2) 무슨 회사에서 일하고 싶어요? 어떤 일을 할 생각이에요?	무역 회사에서 일하고 싶어요. 저하고 잘 맞는 일을 하고 싶어요.
3) 뭘 전공할 계획이에요? 유학도 가고 싶어요?	…

〔語句〕무역 貿易，맞다 合う，유학 留学

★ **課題 2 ＜読む＞**

次のスヨンさんの話を読んで，質問に答えてみましょう。

겨울 방학 이야기

　저는 일본 문학을 전공하는 학생입니다. 지난 겨울 방학에는 일본에 어학연수를 갔다 왔습니다. 월요일부터 금요일까지 일본어 수업이 있었습니다. 매일 전철로 학교에 다니는 것은 좀 힘들었습니다. 그렇지만 재미있는 일도 많았습니다. 여러 나라 학생들과 사귀고 기숙사에서 같이 파티도 했습니다. 일본 설날인 쇼가쓰에는 아는 사람 집에서 같이 보냈습니다. 그 댁 가족들과 오세치 요리도 만들고 오조니도 먹었습니다. 1월 1일에는 신사에도 갔습니다. 책에서만 봤던 일본 전통 문화를 직접 경험해 본 시간이었습니다.

〔語句〕문학 文学，어학연수 語学研修，갔다 오다 行ってくる，매일 每日，기숙사 寄宿舎，설날 韓国の正月，신사 神社，전통 伝統，문화 文化，직접 直接，경험 経験

1) 수연 씨는 일본 생활에서 뭐가 힘들었습니까?

_____

2) 일본 생활에서 재미있는 일은 무엇이었습니까?

_____

3) 수연 씨는 쇼가쓰를 어떻게 보냈습니까?

_____

★ **課題3 <聞く>**　　　　　　　　　　🎧 11-9
次のイ・スミさんと田中さんの会話を聞いて，質問に答えてみましょう。

〔語句〕동안 間，디자인 デザイン，요금 料金，야간 夜間，기차 汽車，어
　　　떠세요? いかがですか，할인 割引，티켓 チケット・切符，알아보
　　　다 調べる，～(으)ㄹ게요 [께요]　～します(ね)，끝나다　終わる

(1) 内容と合っていれば ○，間違っていれ×ばをつけましょう。

1) スミさんは春休みに友だちと一緒に日本のあちこちを旅行する予定
　だ。（　　　）
2) 田中さんは春休みのときにインターンシップの体験をする予定だ。（　　　）
3) スミさんは旅行をするとき電車を利用する計画だった。（　　　）

(2) 質問に答えましょう。

1) 다나카 씨는 얼마 동안 인턴을 할 거예요?

_____

2) 다나카 씨는 그 회사에서 무엇을 배우고 싶어해요?

_____

3) 이수미 씨가 방학 때 여행 갈 예정(予定)인 일본 도시는 몇 개예요?

_____

1. 地域名

아시아 アジア	유럽 ヨーロッパ	남미 南米, 南アメリカ
북미 北米, 北アメリカ	아프리카 アフリカ	중동 中東

2. 韓国の地域名

서울 ソウル	평양 平壤, ピョンヤン	부산 釜山, プサン
대전 大田, テジョン	대구 大邱, テグ	광주 光州, クァンジュ
제주도 済州島, チェジュド		

3. 日本の地域名

도쿄 東京	교토 京都	오사카 大阪
센다이 仙台	니가타 新潟	히로시마 広島
후쿠오카 福岡	삿포로 札幌	오키나와 沖縄

4. 世界の都市名

베이징(북경) 北京	상하이(상해) 上海	타이베이 台北
모스크바 モスクワ	홍콩 香港	방콕 バンコク
뉴욕 ニューヨーク	워싱턴 ワシントン	하와이 ハワイ
파리 パリ	런던 ロンドン	베를린 ベルリン

第12課

趣味

第 12 課 趣味

目標

・趣味について話し合うことができる。

会話本文

🎧 12-1

노무라 : 메이 씨는 취미가 뭐예요?

슈메이 : 제 취미는 음악 듣기예요.

특히 한국 음악을 좋아해서 K・POP(케이팝)을
자주 들어요.

노무라 씨는 취미가 뭐예요?

노무라 : 저는 축구를 좋아해요.

주말마다 친구들하고 축구를 하고 두 달에 한
번 정도는 좋아하는팀의 경기를 보러 가요.

슈메이 : 저도 축구 정말 좋아해요.

중국에서는 경기장에 가서 응원도 자주 했어요.

노무라 : 그래요? 그럼 이번 주말이나 다음 주말에 같이
축구 보러 갈까요?

슈메이 : 이번 주는 일요일에 다른 약속이 있어서 안 돼요.
다음 주에 가요.

・특히 ［트키］　激音化

・좋아해서 ［조아해서］, 좋아해요 ［조아해요］,

　좋아하는 ［조아하는］　ㅎの無音化

・이번 주말［이번쭈말］, 이번 주［이번쭈］　特殊な濃音化

・다음 주말［다음쭈말］, 다음 주［다음쭈］　特殊な濃音化

語句

・음악 듣기 音楽を聴くこと　★助詞がないことに注意！

・경기장 競技場, スタジアム　　・응원 応援

・다른 他の, 別の　　　　　　・안 되다 ダメだ, できない

《参考》「–기」は用言を名詞形にする語尾である。

例 말하기, 듣기, 읽기, 쓰기

　　スピーキング, リスニング, リーディング, ライティング

　　취미가 뭐예요? 趣味は何ですか。

　　제 취미는 음악 듣기예요. 私の趣味は音楽を聴くことです。

語句

1. 趣味に関する語句

음악을 듣다(ㄷ変) 音楽を聴く	책을 읽다 本を読む
사진을 찍다 写真を撮る	그림을 그리다 絵を描く
노래를 부르다(르変) 歌を歌う	춤을 추다 ダンスをする, 踊る
피아노를 치다 ピアノを弾く	스탬프를 모으다(으変) スタンプを集める
여행을 하다 旅行をする	낚시를 하다 釣りをする
게임을 하다 ゲームをする	바둑을 두다 碁を打つ
축구를 하다 〔蹴球〕サッカーをする	야구를 하다 野球をする
수영을 하다 水泳をする	농구를 하다 〔籠球〕バスケットボールをする
테니스를 치다 テニスをする	스키를 타다 スキーをする

2. その他

독서 読書	악기 楽器	연주 演奏
스포츠 센터・헬스클럽 ジム	경기 試合, 競技	미술관 美術館
매일・날마다 毎日	매주・주마다 毎週	하루 一日
매달・달마다 〔毎-〕毎月	매년・해마다 毎年	하루 종일 一日中
요즘 最近, この頃	일주일 [일쭈일] 〔一週日〕一週間	
항상 〔恒常〕常に, いつも	언제나 いつも	자주 よく, しょっちゅう
가끔 時々, たまに	전혀 全然, まったく	별로 あまり, それほど
정도 程度	특히 〔特-〕特に	잘하다 上手だ

못하다 下手だ　　　　　　이기다 勝つ　　　　지다 負ける

찾다 探す，調べる，見つかる　　　　걷다(ㄷ変) 歩く

묻다(ㄷ変) 尋ねる

시간이 나다 時間があく，時間がある，暇になる

스트레스가 쌓이다 ストレスがたまる

스트레스가 풀리다 ストレスが解消される

스트레스를 풀다 ストレスを解消する

文法および表現9

・〜아/어서　（理由・前提）〜して，〜くて

・〜(으)러（目的）〜しに

・〜(으)ㄹ까요 〜しましょうか，〜（する）でしょうか

・〜마다 〜ごとに，〜たびに，〜都度

・〜(이)나（1）〜か，〜や（選択・羅列）

・〜처럼 〜のように，〜みたいに

・ㄷ変則

12 - 1   ~아/어서

🎧 12-4

- 日本語の「～して」に当たる接続語尾。基本意味は因果関係。

- 連用形 ＋서   例 가서, 먹어서, 해서

- 常に現在形で用いられる。「～었어서」「～겠어서」のような形は使わない。

（1）理由

- 先行文が後続文の理由となる。
- 後続文の文末には平叙形と疑問形のみ用いられ，命令形や勧誘形が来ることはできない。

비가 와서 택시를 타요.　（○）　　雨が降ってタクシーに乗ります。（○）

비가 와서 택시를 타요?　（○）　　雨が降ってタクシーに乗りますか。（○）

비가 와서 택시를 타세요.　（×）　　雨が降ってタクシーに乗ってください。（×）

비가 와서 택시를 타요.　（×）　　雨が降ってタクシーに乗りましょう。（×）

例 등산을 좋아해서 매주 산에 가요. 登山が好きで毎週山に行きます。
　　몸이 아파서 일찍 집에 갈 생각이에요.
　　体調が悪くて早く家に帰るつもりです。

（2）前提（前後関係）

- 先行文が後続文の前提となる。先行文と後続文は密接な関係を持ち，前の出来事が起こらなければ後ろの出来事が起こらない。
- 文末語尾の制約はない。

例 친구들하고 만나서 게임을 했어요.
　　友人たちと会ってゲームをしました。

소고기를 사서 스키야키를 만드세요.

牛肉を買ってすき焼きを作ってください。

《練習１》日本語の文は韓国語に，韓国語の文は日本語に訳してみましょう。

1) 교실 앞에 나가서 발표(発表)를 했어요.

2) 운동은 별로 안 좋아해서 자주 하지는 않아요.

3) 요리는 잘 못해서 시켜서 먹을 때가 많아요.

4) お金を貯めて何がしたいですか。

5) 私たちのチームが負けて悲しいです。

6) 友人に電話して話しました。

| 12 - 2 | ～(으)러 | 🎧 12-5 |

・目的を表す接続語尾。日本語の「〜しに」に当たる。

動詞語幹 （＋ -(으)시-）＋ -(으)러

・動詞の語幹につく。母音語幹の後ろには「-러」，子音語幹の後ろには「-으러」をつける。ㄹ語幹は「ㄹ」を脱落させずに，母音語幹と同じく「-러」をつける。

・文末には移動動詞が来る。「～(으)러 가다」「～(으)러 오다」の形でよく用いられる。

例 운동하러 스포츠 센터에 갔어요.
運動しにジム（スポーツセンター）に行きました。

같이 점심 먹으러 가요.　一緒に昼ごはん食べに行きましょう。

방학 때 일본에 놀러 오세요.　休みのとき，日本に遊びに来てください。

〜(으)ㄹ까요   🎧 12-6

・問い合わせの語尾。常に疑問形で用いられる。

> 用言語幹 (+ −(으)시− + −었−) + -(으)ㄹ까요?

・用言の語幹につく。母音語幹の後ろには「−ㄹ까요」，子音語幹の後ろ
には「−을까요」をつける。ㄹ語幹は「ㄹ」を脱落させて「−ㄹ까요」
をつける。

（1）聞き手の意向を尋ねる表現
・日本語の「〜しましょうか」に当たる。主語は1人称。

例 A: 토요일에 같이 영화 볼까요? 土曜日に一緒に映画を見ましょうか。

B: 네, 좋아요. 어디에서 만날까요? はい，いいですね。どこで会い
ましょうか。

창문을 열까요?　窓を開けましょうか。

（2）聞き手の意見を問い合わせる表現
・日本語の「〜でしょうか」に当たる。主語は主に3人称。
・完了を表す「−었−」を伴って使われることもある。

例 A: 내일도 비가 올까요? 明日も雨が降るでしょうか。

B: 아마 내일도 비가 올 거예요. たぶん明日も雨が降るでしょう。

그분 따님은 이번에 합격했을까요?
あの方の娘さんは今回合格したでしょうか。

《練習2》日本語の文は韓国語に，韓国語の文は日本語に訳してみましょう。

1）우리 팀이 이길까요?

2）오래간만에 스트레스 풀러 갈까요?

3）どれがおいしいでしょうか。

4）結婚後にどこで暮らしましょうか。

12 - 4　助詞　~마다, ~(이)나（1）, ~처럼　

~마다	~ごとに ~たびに 毎~	나라마다 문화가 다릅니다. 国ごとに文化が異なります。 아침마다 운동을 합니다. 毎朝運動をしています。 한국에 갈 때마다 그 식당에 들러요. 韓国に行くたびにその食堂に立ち寄ります。
~(이)나	~か ~や	식사 후에는 커피나 홍차를 마십니다. 食事の後にはコーヒーか紅茶を飲みます。 금요일이나 토요일에 만나요. 金曜日や土曜日に会いましょう。
~처럼	~のように ~みたいに	유리아 씨처럼 한국어를 잘하고 싶습니다. ユリアさんのように韓国語が上手になりたいです。 엄마가 만든 것처럼 맛있었어요. 母が作ったものみたいにおいしかったです。

《練習3》日本語の文は韓国語に，韓国語の文は日本語に訳してみましょう。

1）집집마다 김치 맛이 달라요.

2）동생도 형처럼 키가 커요.（키가 크다(으変) 背が高い）

3）毎週末，友達と野球やバスケットボールをします。

4）歌手のように歌が上手です。

ㄷ変則　　　　　　　　　　　🎧12-8

- 語幹が「ㄷ」で終わる動詞の一部はㄷ変則用言である。
- ㄷ変則用言：듣다(聞く)，묻다(尋ねる)，걷다(歩く)，싣다(載せる)，
  붇다(ふやける・(麺類が)のびる)，깨닫다(悟る)，긷다(汲む) …
- −아/어や−으など，母音で始まる語尾が続くと，「ㄷ」が「ㄹ」に変わる。

듣다(聞く) :　　　듣 + −어요 → 들어요
　　　　　　　　　듣 + −(으)ㄴ → 들은

	~아/어요	~(으)ㄴ	~지만
깨닫다(悟る)	깨달아요	깨달은	깨닫지만
듣다(聞く)	들어요	들은	듣지만

注 意

「받다(もらう，受け取る)，닫다(閉める)，믿다(信じる)，묻다(埋める) …」は正則用言である。

例 저는 음악을 자주 들어요.　私は音楽をよく聞きます。

전철역까지 걸어서 갑니다.　電車の駅まで歩いて行きます。

짐을 차에 실을까요?　荷物を車に乗せましょうか。

문을 닫을까요?　ドアを閉めましょうか。

《練習4》次の用言を例にならって活用させましょう。

例 듣다(聞く) ▶ 들어요/들었습니다/들은/듣고

1) 걷다 歩く　　　　　　　2) 닫다 閉める

3) 받다 もらう，受け取る　4) 붇다 ふやける・(麺類が)のびる

5) 묻다 尋ねる　　　　　　6) 싣다 乗せる

表現練習

《練習 1》例にならって語句を入れて，文を作ってみましょう。

例 _____ 아/어서_____

기쁘다 / 눈물(涙)이 났어요. → 기뻐서 눈물이 났어요.

1) 스트레스가 쌓이다 / 요즘 너무 힘들어요.
2) 그림을 좋아하다 / 미술관에 자주 가요.
3) 배가 부르다 / 더 못 먹겠어요.
4) 잘 모르다 / 선생님에게 질문(質問)했어요.

《練習 2》例にならって語句を入れて，文を作ってみましょう。

例 _____ 아/어서 _____

도서관에 가다 / 자료(資料)를 찾았어요.
→ 도서관에 가서 자료를 찾았어요.

1) 돈을 모으다 / 새(新しい) 휴대폰을 살 거예요.
2) 짜장면을 시키다 / 먹었어요.
3) 아기(赤ちゃん) 사진을 찍다 / 부모님께 보냈어요.
4) 저를 따르다 / 읽어 보세요.

《練習 3》例にならって語句を入れて，文を作ってみましょう。

例 _____ (으)러 ____

돈을 찾다(お金をおろす) / 은행에 가요.
→ 돈을 찾으러 은행에 가요.

1) 조깅을 하다 / 저녁마다 공원에 갑니다.
2) 다음에 우리 집에 놀다 / 오세요.

3) 일주일에 한 번 자원봉사(ボランティア)를 하다 / 구청(区役所)에 가요.

4) 한국말을 배우다 / 한국에 왔어요.

《練習4》例にならって語句を入れて，会話を完成させましょう。

例 A: (우리)＿＿＿ (으)ㄹ까요?

B: 네, 좋아요. 같이 ＿＿＿＿아요/어요.

일요일에 등산을 가다 → A: 일요일에 등산을 갈까요?

B: 네, 좋아요. 같이 등산 가요.

1) 같이 한국 소설(小説)을 읽다

2) 오늘 저녁에 술 한잔하다(一杯飲む)

3) 대학 축제(大学の祝祭・学際) 때 호떡을 만들어서 팔다

《練習5》例にならって語句を入れて，会話を完成させましょう。

例 A: ＿＿＿＿＿＿(으)ㄹ까요?

B: ＿＿＿＿＿＿(으)ㄹ 거예요.

스트레스가 풀리다 → A: 스트레스가 풀릴까요?

B: 네, 스트레스가 풀릴 거예요.

1) 이 선물을 받고 좋아하시다

2) 비행기가 도착했다

3) 고양이는 혼자서 하루 종일 뭘 하다

《練習6》例にならって語句を入れて，会話を完成させましょう。

例 A: 취미가 뭐예요?

B: 제 취미는 _____기예요.

책을 읽다 →   A: 취미가 뭐예요? B: 제 취미는 책 읽기예요.

1) 음악을 듣다　　　　　　　2) 사진을 찍다

3) 춤을 추다　　　　　　　　4) 영화를 보다

《練習7》例にならって語句を入れて，文を作ってみましょう。

例 그 기사(記事)를 신문에 <u>싣다</u>(過去形に)

→ 그 기사를 신문에 실었어요.

1) 시간이 날 때는 집 근처 공원을 <u>걷다</u>(現在形に)

2) 라면이 <u>붇다</u> +아서/어서 맛이 없어요.

3) 그 사람의 이름과 주소(住所)를 <u>묻다</u> +아/어봤어요.

4) 어제 <u>듣다</u> +(으)ㄴ 음악이 아주 좋았어요.

5) 문을 <u>닫다</u> +(으)ㄹ<u>까요?</u>

★ 課題 ＜話す＞

例にならって，趣味について話してみましょう。

例 A: _____씨, 취미가 뭐예요?

B: 제 취미는 춤 추기예요.

대학교에 입학해서 댄스 동아리에 가입했어요.

〔語句〕대학교 大学, 동아리 サークル, 가입 加入・入会

★ 課題2 ＜読む・書く＞

次の文章を読んで，質問に答えてみましょう。

취미 이야기

사람마다 취미가 다릅니다. 독서를 좋아하는 사람도 있고 음악 듣기나 운동이 취미인 사람도 있습니다. 운동도 직접 하는 것을 좋아하는 사람도 있고 직접 하기보다는 경기를 보는 것을 좋아하는 사람도 있습니다.

제 취미는 만화 보기입니다. 빌려서 볼 때도 있고 좋아하는 만화책은 전 시리즈를 사서 모읍니다. 그래서 우리 집에는 제가 산 만화책이 삼백 권 정도 있습니다. 만화는 전철이나 버스에서도 읽을 수 있고 장르도 다양해서 질리지 않습니다. 한번 시작한 만화는 끝까지 읽고 싶어서 가끔 밤을 샐 때도 있습니다. 그 다음날은 너무 피곤합니다.

여러분은 어떤 취미를 가지고 있습니까? 그리고 그 취미의 좋은 점과 나쁜 점은 무엇입니까?

〔語句〕직접 直接・自ら, 만화 漫画, 빌리다 借りる, 전 全,
　　　 ～(으)ㄹ 수 있다 ～(する)ことができる, 장르 [장느] ジャンル,
　　　 다양하다 多様だ, 질리다 飽きる, 시작하다 始める,
　　　 밤을 새다 徹夜する, 피곤하다 疲れている, 여러분 皆さま,
　　　 가지다 持つ, 점 点・とこ (ところ)

(1) 内容と合っていれば〇，間違っていれば×をつけましょう。

1) 運動が趣味という人のほとんどは，見るより自分でするのを好む。（　　　）

2) この人は，好きな漫画は全シリーズを買い集める。（　　　）

3) この人は，好きなジャンルの漫画だけを読む。（　　　）

4) この人は，しょっちゅう漫画を読んで徹夜してしまう。（　　　）

(2) 自分の趣味を紹介する文章を書いてみましょう。

★ 課題3 ＜聞く＞　　　　　　　　　　　　　　🎧 12-9

次のイ・ミノさんと吉田さんの会話を聞いて，質問に答えてみましょう。

〔語句〕 ～(으)면서　～ながら，생각 考え・思い，정리［정니］　整理

(1) 内容と合っていれば〇，間違っていれば×をつけましょう。

1) 吉田は3ヶ月に1回くらいは釣りに行く。（　　　）
2) ミノは幼いときからピアノとバイオリンを習っていた。（　　　）
3) 吉田とミノは来週末カラオケに行く予定だ。（　　　）

(2) 質問に答えましょう。

1) 요시다 씨는 언제부터 낚시를 했어요?

_____

2) 요시다 씨는 낚시를 왜 좋아해요?

_____

3) 이민호 씨는 일주일에 몇 번 바이올린을 배우러 가요?

_____

영화 보기 映画を見ること　야구 보기 野球を見ること

음악 듣기 音楽を聴くこと　사진 찍기 写真を撮ること

그림 그리기 絵を描くこと　춤 추기 ダンスをすること

조깅 ジョギング　　　　낚시 釣り　　　　　꽃꽂이 生け花

피아노 연주 ピアノ演奏　장기 将棋　　　　　체스 チェス

컴퓨터 게임 パソコンゲーム 서예 書芸, 書道　　다도 茶道

배구 バレーボール　　　탁구 ピンポン

배드민턴 バドミントン　　요가 ヨガ

댄스 ダンス　　　　　　스케이트 スケート

- ㄹ語幹における語幹末のㄹの脱落に関する規則である。語幹の後に
  「ㅅ, ㅂ, 오, パッチムのㄹ, ㄴ」で始まる語尾が続くと, ㄹ語幹の
  ㄹは脱落する。

  ① ㅅが続く場合：-십니다, -세요, -십시오(합니다体の命令形 - 18課)

  　例　만들다(作る) + 세요 → 만드세요

  ② ㅂが続く場合：-ㅂ니다, -ㅂ시다(합니다体の勧誘形 - 18課)

  　例　놀다(遊ぶ) +ㅂ니다 → 놉니다

  ③ 오が続く場合：-오(古語っぽい言い方)

  　例　살다(住む) +오 → 사오

  ④ パッチムのㄹが続く場合：-ㄹ(連体形), -ㄹ까요, -ㄹ게요

  　例　멀다(遠い) + ㄹ까요 → 멀까요

⑤ ㄴが続く場合：－ㄴ(連体形)，－는(連体形)，－니까(理由の接続語尾 - 16課)

例 알다(知る) ＋ 는 → 아는

・ 「－던，－러，－아/어서」など，それら以外の語尾が続くと語幹末のㄹは脱落しない。この際，子音語幹に続く「으」はつかないことに注意。

例 놀다(遊ぶ) ＋ 러 → 놀러

팔다(売る) ＋ 아서 → 팔아서

第13課

学校・社会生活

第13課 学校・社会生活

目標

・学校や職場の生活について話し合うことができる。

会話本文

🎧 13-1

이수연 : 노무라 씨, 금요일 4교시 강의 휴강된 거 알죠?

노무라 : 정말요? 몰랐어요.

이수연 : 어제 TA 하는 선배한테서 들었어요.

노무라 : 수연 씨, 저번 수업에서 받은 프린트 좀 빌려
줄 수 있어요?

이수연 : 참, 지난주에 결석했죠? 여기 있어요.

노무라 : 고마워요.

이수연 : 다음 주 한국어 수업 발표 준비는 잘되고 있어요?

노무라 : 네, 원고 준비는 끝났어요.
그런데 읽기가 조금 어려워서 열심히 연습하고
있어요.

이수연 : 언제 발표하는 거지요? 제가 좀 도와 드릴까요?

노무라 : 시간 괜찮아요? 저는 좋죠!

発音　 🎧 13-2

- 정말요 ［정말료］ ㄴ挿入, 流音化
- 결석했죠 ［결써캗쪼］ 特殊な濃音化, 激音化, 濃音化
- 할 거예요 ［할꺼에요］ 特殊な濃音化
- 끝났어요 ［끈나써요］ 鼻音化
- 읽기 ［일끼］ 複バッチム「ㄺ」で終わる用言語幹の後に「ㄱ」
  で始まる語尾が続くと, バッチム「ㄺ」は「ㄹ」の方を発音
  し, 「ㄱ」は濃音となる。
- 열심히 ［열씨미］ 特殊な濃音化, ㅎの弱化
- 연습하고 ［연스파고］ 激音化
- 괜찮아요 ［괜차나요］ ㅎの無音化
- 좋죠 ［조초］ 激音化

- 선배 <u>先輩</u>
- 참 あっ（感嘆詞）
- 준비 <u>準備</u>
- 원고 <u>原稿</u>

- 저번 この前
- 발표 <u>発表</u>
- 잘되다 うまくいく
- 연습하다 <u>練習</u>する

基本語句 10

🎧 13-3

1．学校・社会生活に関する語句

강의 講義	휴강 休講	결석〔결썩〕欠席
수업을 듣다 授業を受ける	교시〔校時〕(漢数詞につけて)～時間目	
동아리 サークル	어학연수〔어항년수〕語学研修	유학 留学
취직 就職	회의 会議	출장〔출짱〕出張
초등학교〔初等-〕小学校	중학교 中学校	고등학교 高等学校
대학교〔大学校〕大学	고등학생〔高等学生〕高校生	
대학생 大学生	학생회관〔学生会館〕生協	기숙사 寄宿舎, 寮
사무실 事務室	하숙을 하다 下宿をする	
자취를 하다〔自炊-〕一人暮らしをする	출근하다 出勤する	
퇴근하다 退勤(退社)する	번역하다 翻訳する	
통역하다 通訳する		

2．形容詞（1）

덥다(ㅂ変) 暑い	춥다(ㅂ変) 寒い
어렵다(ㅂ変) 難しい	쉽다(ㅂ変) 易しい，簡単だ
가깝다(ㅂ変) 近い	고맙다(ㅂ変) 有難い
반갑다(ㅂ変) 嬉しい	부럽다(ㅂ変) うらやましい
부끄럽다(ㅂ変) 恥ずかしい	즐겁다(ㅂ変) 楽しい
좁다 狭い	피곤하다〔疲困-〕疲れている
졸리다 眠い	

3. その他

단어 <u>単語</u>　　　　문제 <u>問題</u>　　　　외우다 覚える，暗記する

풀다 解く　　　　질문하다 <u>質問</u>する　대답하다〔對答-〕答える

빌리다 借りる，貸す　　　　　돕다(ㅂ変) 手伝う，助ける

시작되다〔始作-〕始まる　　　시작하다〔始作-〕始める

끝나다 終わる　　　　　　　　끝내다 終える

드리다 さしあげる　제일〔第一〕一番　　　가장 一番，最も

빨리 速く，早く　　천천히 ゆっくり　　　　매우 とても，非常に

전부 <u>全部</u>，全員，すべて　다 全部，全員，すべて

잠깐 しばらく　　　　　오래 長らく，久しく

文法および表現 10

- ・～(으)ㄹ 수 있다 ～できる，～でありうる

  ～(으)ㄹ 수 없다 ～できない，～でありえない

- ・～아/어 주다　～してあげる/くれる

  ～아/어 드리다 ～してさしあげる

- ・～고 있다 ～している

- ・～지요 ～でしょう，～ですよね

- ・ㅂ変則

13 - 1　～(으)ㄹ 수 있다/없다

🎧 13-4

・可能や不可能を表す。

用言語幹 (＋ －(으)시－) ＋ -(으)ㄹ 수 있다/없다

未来連体形 ＋ 수 있다 ～できる，～でありうる

未来連体形 ＋ 수 없다 ～できない，～でありえない

注 意

未来連体形「～(으)ㄹ」に続く形式名詞「수」は，濃音「쑤」と発音される。11課参照。

例 오늘 밤까지 끝낼 수 있어요?　今晩までに終えることができますか。

한글을 읽을 수 없습니다.　ハングルが読めません。

이 약을 먹으면 졸릴 수 있어요.
この薬を飲むと眠くなる可能性があります。

그런 일은 있을 수 없습니다.　そんなことはありえません。

13 - 2　～아/어 주다/드리다

🎧 13-5

・やり取りの表現。

日本語	韓国語	日本語	韓国語
やる・あげる	주다	～してやる/～してあげる	～아/어 주다
くれる	주다	～してくれる	～아/어 주다
さしあげる	드리다	～してさしあげる	～아/어 드리다
くださる	주시다	～してくださる	～아/어 주시다

- 〜してもらう：「〜아/어 주다」になることが多い
- 〜していただく：「〜아/어 주시다」になることが多い

例 영수가 친구에게 선물을 줬어요.　ヨンスが友だちにプレゼントをあげました。

친구가 저에게 선물을 줬어요. 友だちが私にプレゼントをくれました。

제가 할머니께 선물을 드렸어요.　私がおばあさんにプレゼントをさしあげました。

할머니께서 저에게 선물을 주셨어요.　おばあさんが私にプレゼントをくださいました。

영수가 친구의 사진을 찍어 줬어요.　ヨンスが友だちの写真を撮ってやりました。

친구가 제 사진을 찍어 줬어요.　友だちが私の写真を撮ってくれました。

제가 엄마에게 케이크를 만들어 드렸어요.　私がお母さんにケーキを作ってさしあげました。

엄마가 저에게 케이크를 만들어 주셨어요.　お母さんが私にケーキを作ってくださいました。

이 단어 뜻 좀 가르쳐 주겠어요?　この単語の意味，ちょっと教えてもらえますか。

저기요. 사진 좀 찍어 주시겠어요? すみません。写真をちょっと撮っていただけますか。

《練習１》日本語の文は韓国語に，韓国語の文は日本語に訳してみましょう。

1) 졸업하고 바로(すぐに) 취직할 수 있을까요?

2) 이 넥타이(ネクタイ)는 여자 친구가 골라 준 거예요.

3) 事務室の前ですこしお待ちください。

4) 今学期は授業が多くてサークル活動(활동)ができません。

5) 私がご案内(안내)しましょうか。

13 - 3　〜고 있다　 13-6

- 動作の進行を表す。現在の状態または出来事の繰り返しや習慣などを表すこともある。日本語の「〜している」に当たる。

> 動詞語幹　(＋ -(으)시-)　＋-고 있다

- 否定形は「〜고 있지 않다, 안 〜고 있다」である。
- 尊敬形は「〜고 계시다 (〜していらっしゃる)」である。

例　지금 청소하고 있어요.　今, 掃除しています。

저기 안경을 쓰고 있는 사람이에요.　あちらの眼鏡をかけている人です。

아침마다 공원에서 운동을 하고 있어요. 毎朝, 公園で運動をしています。

지금 {공부하고 있지 않아요/공부 안 하고 있어요}.　今, 勉強していません。

할머니께서는 방에서 주무시고 계십니다.　祖母は部屋で寝ていらっしゃいます。

13 - 4　〜지요　 13-7

- 確認の意味を持つ文末語尾。日本語の「〜でしょう, 〜ですよね」などに当たる。

> 用言語幹　(＋ -(으)시-)　＋지요

- 話し言葉で使われ, 会話では縮約形の「-죠」がよく用いられる。

(1) 聞き手の同意を求める表現

疑問形で用いられ, 話し手が自分の知識や記憶などについて聞き手に問いかけ, 確認を求める表現になる。日本語の「〜でしょう」,「〜ですよね」,「〜ますよね」に当たる。

例 A: 한국어는 발음이 어렵죠? 韓国語は発音が難しいでしょう。

B: 네, 발음이 좀 어렵습니다. はい，発音が少し難しいです。

（2）自分の判断や意見などを示す表現

平叙形で用いられ，話し手が自分の意見や知識などを聞き手に伝える表現になる。日本語の「～ますよ」，「～でしょう」と類似している。

例 신오쿠보가 옛날하고는 많이 달라졌죠.
新大久保は昔とはずいぶん変わったでしょう。

제가 하죠. 私がしましょう。

（3）聞き手に丁寧に勧める表現

主に「～(으)시+지요」の形で用いられ，丁寧な指示や誘いの表現になる。

例 여기 앉으시지요. ここにお座りください。

내일 같이 가시지요. 明日，一緒に行きましょう。

（4）穏やかな疑問の表現

疑問詞とともに用いられ，聞き手に何かについて穏やかに尋ねる表現になる。

例 저 사람 누구지요? あの人，誰でしょうか。

내일 언제 오시죠? 明日，いつ来られますか。

・完了の「었」や推量の「겠」とともに使われることもある。

例 회의 준비는 끝났지요? 会議の準備は終わりましたよね。

곧 오겠죠. 조금만 더 기다려 보세요.

もうすぐ来るでしょう。もうすこし待ってみてください。

《練習２》日本語の文は韓国語に，韓国語の文は日本語に訳してみましょう。

1) 초등학교에서 운동회(運動会)를 하고 있습니다.

2) 내일 회의는 제가 참석하죠. 참석 参加・出席

3) お姉さんは高校生ですよね。

4) 出張の準備(준비)をしています。

5) 韓国語授業の補講(보강)，何時からでしょうか。

13 - 5   ㅂ変則   🎧 13-8

- 語幹が「ㅂ」で終わる用言のうち，形容詞の多くと一部の動詞はㅂ変則用言である。
- ㅂ変則用言：
★ 形容詞：덥다(暑い)，춥다(寒い)，맵다(辛い)，어렵다(難しい)，쉽다(易しい・簡単だ)，가깝다(近い)，무겁다(重い)，가볍다(軽い)，고맙다(有難い)，반갑다(嬉しい)，귀엽다(かわいい)，부럽다(うらやましい)，부끄럽다(恥ずかしい)，즐겁다(楽しい)，외롭다(寂しい)，뜨겁다(熱い)，두껍다(分厚い) …
★ 動詞：굽다(焼く)，눕다(横になる)，돕다(手伝う・助ける) …
- -아/어や-으など，母音で始まる語尾が続くと，「ㅂ」が「우」に変わる。

덥다(暑い)：   덥 + -어요 → 더워요

덥 + -(으)ㄴ → 더운(語尾の으は脱落)

	～아/어요	～(으)ㄴ	～지만
가깝다(近い)	가까워요	가까운	가깝지만
덥다(暑い)	더워요	더운	덥지만
돕다(手伝う・助ける)	도와요	도운	돕지만

注 意

1) 「돕다(手伝う)，곱다(きれいだ)」は-아/어 が続くとき「도와, 고와」となることに注意。

2) 「좁다(狭い),입다(着る・はく),잡다(つかむ),뽑다(抜く・とる) …」は正則用言である。

例 올해 겨울은 작년보다 추워요.　今年の冬は去年より寒いです。

야채도 구워서 먹을까요?　野菜も焼いて食べましょうか。

좀 도와 주세요.　ちょっと手伝ってください。

생각보다 좁은 방이었어요.　思ったより狭い部屋でした。

《練習３》次の用言を例にならって活用させましょう。

例 가깝다(近い)

▶ 가까워요/가까웠습니다/가까운(形容詞は現在連体形，動詞は過去
連に)/가깝고

1) 고맙다 有難い　　　　　　2) 춥다 寒い

3) 좁다 狭い　　　　　　　　4) 쉽다 易しい・簡単だ

5) 눕다 横になる　　　　　　6) 잡다 つかむ

7) 돕다 手伝う・助ける　　　8) 부끄럽다 恥ずかしい

　表現練習

《練習１》例にならって語句を入れて，文を作ってみましょう。

例 _____아/어 주시겠어요?

테이블 좀 치우다(片付ける) → 테이블 좀 치워 주시겠어요?

1) 문 좀 열다　　　　　　　2) 이 책 좀 빌리다

3) 좀 천천히 말씀하다　　　4) 여기 계산 좀 하다

《練習 2》例にならって語句を入れて，文を作ってみましょう。

例 _____ (으)ㄹ 수 있어요?

　　내일 두 시까지 오다 → 내일 두 시까지 올 수 있어요?

1) 지금 잠깐 이야기하다

2) 저 대신에(代わりに) 가 주시다

3) 그분 전화번호 좀 가르쳐 주시다

4) 내일 회의 자료(資料) 좀 찾아 주다

《練習 3》例にならって語句を入れて，会話を完成させましょう。

例 A: _____ (으)ㄹ 수 있어요?

　　B: 아뇨, _____ (으)ㄹ 수 없어요. / 아뇨, 못 _____ 아/어요.

　　피아노를 치다 →　A: 피아노를 칠 수 있어요?

　　　　　　　　　　　　B: 아뇨, 칠 수 없어요. / 아뇨, 못 쳐요.

1) 스키를 타다　　　　　　　2) 운전(運転)을 하다

3) 그 질문에 대답하다　　　　4) 내일까지 번역을 전부 끝내다

《練習 4》例にならって語句を入れて，会話を完成させましょう。

例 A: _____ 아/어 드릴까요?

　　B: 좀 _____ 아/어 주세요.

　　창문을 닫다 →　A: 창문을 닫아 드릴까요?　B: 네, (좀) 닫아 주세요.

1) 제가 안내하다(案内する)

2) 메일 주소(メールアドレス) 가르치다

3) 이걸로 포장하다(包装する)

4) 일본어로 통역하다

《練習 5》例にならって語句を入れて，文を作ってみましょう。

例 _____ 고 있어요.

　　여동생은 방에서 숙제를 하다 → 여동생은 방에서 숙제를 하고 있어요.

1) 잠깐만 기다리세요. 지금 가다
2) 학교 앞에서 자취를 하다
3) 그 여자는 하얀색(白) 티셔츠를 입다
4) 단어를 하루에 열 개씩(ずつ) 외우다

《練習 6》例にならって語句を入れて，文を作ってみましょう。

例 _____ 죠(지요)?

　　저녁에 약속 없다　→　저녁에 약속 없죠?

1) 3교시가 제일 졸리다　 2) 회의가 늦게 끝나서 피곤하시다
3) 오래 기다리셨다　　　 4) 강의 시작했다

《練習 7》例にならって語句を入れて，文を作ってみましょう。

例　올해 여름은 정말 덥다(過去形に)　→　올해 여름은 정말 더웠어요.

1) 그 사람이 가장 <u>부럽다(現在形に)</u>
2) 너무 <u>맵다 +아서/어서</u> 먹을 수 없어요.
3) 어제 모임(集まり)은 매우 <u>즐겁다(합니다体の過去形に)</u>
4) 이번에는 <u>어렵다 +(으)ㄴ</u> 문제가 많았어요.
5) 제가 <u>돕다 +아/어</u> 드릴까요?

★ **課題1 ＜話す＞**

大学生活は高校のときと何が違うか，クラスメイトと話してみましょう。

★ **課題2 ＜読む＞**

次の文章を読んで，質問に答えてみましょう。

기숙사와 원룸

　저는 작년에 대학교에 입학했습니다. 일학년 때는 기숙사에 살았습니다. 다른 사람하고 방을 같이 쓰는 것은 처음이었지만 룸메이트가 같은 과 동기여서 사이좋게 잘 지냈습니다. 룸메이트가 한국의 대학 생활에 대해 이것저것 많이 가르쳐 주었습니다. 올해 삼월부터는 학교 앞에 있는 원룸을 빌려서 혼자 자취를 하고 있습니다. 저는 청소와 빨래는 잘 하지만 요리는 좋아하지 않습니다. 그래서 매일 밥을 해서 먹는 것이 조금 힘듭니다.

〔語句〕다른 他の，동기 同級生・同期，사이좋게 仲良く，생활 生活，
　　　　～에 대해 ～について，이것저것 あれこれ，원룸 ワンルーム

　内容と合っていれば○，間違っていれば×をつけましょう。

1) この人は今年大学2年生になった。（　　　）
2) この人は寮のルームメートだった人と一緒に住んでいる。（　　　）
3) この人は洗濯は大丈夫だが、掃除と料理は好きではない。（　　　）

次の鈴木さんとキム・スジンさんの会話を聞いて，質問に答えてみましょう。

〔語句〕선배 先輩，처음이네요 初めてですね，웬일 何ごと，취업 설명
회 企業説明会，그래요(?) そうです(か)，그때 そのとき，체
언(이)라서 〜なので・〜だから，준비 準備，익숙하다 慣れて
いる，이만 これで

(1) 内容と合っていれば〇，間違っていれば✕をつけましょう。

1) スジンの会社の企業説明会は大講義室で行われる 。(   )
2) 鈴木さんは今日の午後にスジンの会社の企業説明会を聴きに行
   く。(   )
3) スジンさんは会社の仕事がまだ慣れていなくて苦労している。(   )

(2) 質問に答えましょう。

1) 취업 설명회는 몇 시간 정도 합니까?

_____

2) 스즈키 씨는 요즘 어떻게 지냅니까?

_____

3) 수진 씨하고 스즈키 씨는 졸업하고 만난 적이 있습니까?

_____

第14課

買い物（2）

目標

・買い物のとき，自分の好みを言うことができる。
・商品の交換や返品ができる。

会話本文

🎧 14-1

슈메이は韓国へ旅行に来て，洋服屋で買い物をしている。

점 원: 마음에 드시면 한번 입어 보세요.

       탈의실은 저기에 있습니다.

（잠시 후）

슈메이: 색깔은 예쁜데 사이즈가 한 치수 컸으면 좋겠어요.

점 원: 그러면 이걸로 갈아입고 나오세요.

슈메이: 사이즈는 이게 맞네요.

점 원: 잘 어울리시네요. 어떠세요?

슈메이: 가볍고 따뜻해서 마음에 드는데 얼마예요?

점 원: 52,000원입니다.

슈메이: 조금만 싸게 해 주세요.

점 원: 그럼, 50,000원만 주세요.

発音

🎧 14-2

- 좋겠어요［조케써요］　激音化
- 맞네요 ［만네요］　鼻音化
- 따뜻해서 ［따뜨태서］　激音化

語句

- 점원　店員
- 탈의실 試着室，　脱衣室

基本語句 11

🎧 14-3

1. 買い物に関する語句

선물〔膳物〕プレゼント, お土産　길이 長さ　　크기 大きさ
치수〔-數〕・사이즈 寸法・サイズ
유행하다 流行する　　　　　　갈아입다 着替える
신다 （履物を）履く　　　　　맞다 合う　　어울리다 似合う
포장하다 包装する　　　　　　싸다 包む　　값을 깎다 値切る
바꾸다 交換する, 変更する　　환불하다〔返払-〕返金する
마음에 들다 気に入る

2. 色名詞

색・색깔〔色-〕色　　빨간색 赤色　　　　파란색 青色
노란색 黄色　　　　하얀색・흰색 白色　　까만색・검정색 黒色
갈색 茶色, 褐色　　회색 灰色　　　　　녹색・초록색 緑色

3. 形容詞 (2)

길다 長い　　　　짧다 短い　　　무겁다(ㅂ変) 重い
가볍다(ㅂ変) 軽い　튼튼하다 丈夫だ　약하다 弱い
멋있다 素敵だ, かっこいい　　　귀엽다(ㅂ変) かわいい
두껍다(ㅂ変) 厚い　얇다 薄い　　진하다 濃い
연하다 濃くない, 薄い　　　　뚱뚱하다 太っている
날씬하다 ほっそりとしている　　마르다(르変則) やせている

빨갛다(ㅎ変) 赤い　파랗다(ㅎ変) 青い　노랗다(ㅎ変) 黄色い
하얗다(ㅎ変) 白い　까맣다(ㅎ変) 黒い　이렇다(ㅎ変) このようだ
그렇다(ㅎ変) そのようだ　　　　　　저렇다(ㅎ変) あのようだ
어떻다(ㅎ変) どのようだ

4．その他

물건 品物，物件，もの　　교환 交換
전자사전〔電子辞典〕電子辞書

냉장고 冷蔵庫	세탁기 洗濯機	에어컨 エアコン
굉장히 非常に	딱 ぴったり	켜다 つける
가지다 持つ	넣다 入れる	놓다 置く
보이다 見せる	잘되다 うまく行く	싸우다 喧嘩する
키가 크다(으変) 背が高い	키가 작다 背が低い	

文法および表現11

・～(은)데, ～는데 ～んですが，～ので，～のに（説明の接続語尾）
・～(으)면 ～すれば，～したら，～すると
・～았/었으면 하다(좋겠다) ～すればいい
・～네요 ～しますね，～ですね
・～게 ～に，～く（形容詞を副詞にする形）
・ㅎ変則

文法及び表現

| 14 - 1 | ～(으)ㄴ데, ～는데 🎧14-4

・前置き，状況や背景の説明に用いられる。文脈によって「～んです
 が，～ので，～のに」などに訳される。
 ① 現在
 動詞・存在詞の語幹 （+ -(으)시-）+ -는데
 形容詞・指定詞の語幹 （+ -(으)시-）+ -(으)ㄴ데

 ② 過去・その他
 すべての語幹 （+ -(으)시-）+ -았/었는데
 すべての語幹 （+ -(으)시-）+ -겠는데

例 도서관에서 공부하고 있는데 전화가 왔어요.
 図書館で勉強していると，電話が来ました。

 좀 더운데 에어컨을 켤까요?
 ちょっと暑いんですが，エアコンをつけましょうか。

 비가 오는데 우산을 가지고 가세요.
 雨が降っているので，傘を持っていってください。

 비가 오는데 나가요? 雨が降っているのに，出かけますか。

 학생인데 할인 안 돼요? 学生なんですが，割引できませんか。

 지하철에 우산을 놓고 내렸는데 어디로 연락해요?
 地下鉄に傘を置き忘れたんですが，どちらに連絡しますか。

 잘 모르겠는데 다시 한번 설명해 주시겠어요?
 よくわからないんですが，もう一度，説明していただけませんか。

《練習１》日本語の文は韓国語に，韓国語の文は日本語に訳してみましょう。

1) 이 문제가 너무 어려운데 좀 가르쳐 주세요.

2) 오늘은 좀 늦게 올 건데 저녁 먼저 드세요.

3) お腹いっぱいなのに，ずっと(계속)食べています。

4) さっき注文したんですが，まだ出てきていません。

| 14 - 2 | ~(으)면 | 🎧 14-5 |

・仮定や条件の意味を表す接続語尾

用言語幹 (＋ -(으)시-) ＋ -(으)면

例 사이즈가 안 맞으면 바꾸세요.
サイズが合わなければ交換してください。

다 만들면 보여 주세요. 出来上がったら見せてください。

공항에 도착하시면 연락 주세요.
空港に到着されたらご連絡ください。

| 14 - 3 | ~았/었으면 하다(좋겠다) | 🎧 14-6 |

・願望・希望の表現

例 크리스마스 때 눈이 왔으면 좋겠어요.
クリスマスのとき，雪が降ったらいいですね。

졸업하고 좋은 회사에 취직했으면 좋겠어요.
卒業後にいい会社に就職できたらいいですね。

《練習２》日本語の文は韓国語に，韓国語の文は日本語に訳してみましょう。

1) 전공 책을 읽으면 졸려요.

2) 학교가 집에서 가까웠으면 좋겠어요.

3) 歌が上手だったらいいですね。

4) 大変であれば話してください。

14 - 4   ～네요   🎧 14-7

・新しく知覚した内容に対する感嘆を表す。日本語の「～ますね，～で
  すね」に当たる。完了の「었」や推量の「겠」とともに使われること
  もある。

  用言の語幹 （＋ −(으)시−） ＋ 네요

例 요즘 너무 바쁘네요. この頃すごく忙しいですね。

   한국어를 아주 잘 하시네요.   韓国語がとてもお上手ですね。

   스즈키 씨는 갔네요.   鈴木さんは帰りましたね。

   이 과자 맛있겠네요.   このお菓子，おいしそうですね。

14 - 5   ～게   🎧 14-8

・形容詞を副詞にする形。「～に，～く」に当たる。

  形容詞語幹 ＋ 게

例 싸게 해 주세요.   安くしてください。

   맵지 않게 해 주세요.   辛くないようにして（作って）ください。

   매우 튼튼하게 만들었습니다. とても丈夫に作りました。

《練習3》日本語の文は韓国語に，韓国語の文は日本語に訳してみましょう。

1) 예쁘게 포장해 주세요.

2) 밥이 아주 맛있게 됐네요.

3) 前髪は短く切ってください。

4) 思ったより(생각보다)難しいですね。

---

14 - 6　　ㅎ変則　　🎧 14-9

・ 語幹が「ㅎ」で終わる形容詞は「좋다」を除いて，すべてㅎ変則用言である。

・ ㅎ変則用言 :

★ 色彩形容詞 : 빨갛다(赤い)，노랗다(黄色い)，까맣다(黒い)，하얗다(白い) …

★ 指示形容詞 : 이렇다(このようだ)，그렇다(そのようだ)，저렇다(あのようだ)，어떻다(どのようだ) …

・ −아/어や−으など，母音で始まる語尾が続くと，変則活用する。

　① −으で始まる語尾 → ㅎが脱落

　② −아/어で始まる語尾 → ㅎが脱落し，母音字も変わる。原則として「ㅣ」が追加されるが，指示形容詞はすべて「ㅐ」になる。

　　　　파랗다(青い) : 파랗 + -(으)ㄴ → 파란

　　　　　　　　　　 파랗 + -어요 → 파래요

　　　　그렇다(そのようだ) : 그렇 + -(으)ㄴ → 그런

　　　　　　　　　　　　 그렇 + -어요 → 그래요

	〜아/어요	〜(으)ㄴ	〜지만
파랗다(青い)	파래요	파란	파랗지만
하얗다(白い)	하얘요	하얀	하얗지만
그렇다(そのようだ)	그래요	그런	그렇지만

注 意

形容詞の「좋다(良い)」と「넣다(入れる), 놓다(置く)」などの動詞は正則用言。

例 이런 사람도 있고 저런 사람도 있어요.
こんな人もいて, あんな人もいます。

술을 마셔서 얼굴이 빨개요.　お酒を飲んで顔が赤いです。

봉투에 넣어 주세요.　封筒に入れてください。

《練習 4》次の用言を例にならって活用させましょう。

例 파랗다(青い) ▸ 파래요/파랬습니다/파란(形容詞は現在連体形, 動詞は過去連体形に)/파랗고

1) 빨갛다 赤い　　　　　　　　2) 좋다 良い

3) 까맣다 黒い　　　　　　　　4) 하얗다 白い

5) 놓다 置く　　　　　　　　　6) 이렇다 このようだ

　表現練習

《練習 1》例にならって語句を入れて, 文を作ってみましょう。

例 ＿＿＿＿＿ (으)ㄴ데/는데 ＿＿＿＿＿

요즘 이런 스타일이 유행이다 / 저도 하나 사고 싶어요.

→ 요즘 이런 스타일이 유행인데 저도 하나 사고 싶어요.

1) 그 배우(俳優)는 멋있다 / 키가 좀 작아요.

2) 날씨가 춥다 / 목도리(マフラー)를 하세요.

3) 치마 길이가 좀 길다 / 조금 짧은 건 없어요?

4) 아이들이 자주 싸우다 / 어떻게 하면 좋을까요?

《練習２》例にならって語句を入れて，文を作ってみましょう。

例 _____ (으)면 _____

늦다(遅れる) / 전화 주세요.   →   늦으면 전화 주세요 .

1) 마음에 들다 / 신어 보세요.

2) 소금을 더 넣다 / 짜겠어요.

3) 잘 모르겠다 / 선생님한테 물어보세요.

4) 이 음악을 듣다 / 기분(気分，気持ち)이 좋아요.

《練習３》例にならって語句を入れて，文を作ってみましょう。

例 _____ 았/었/였으면 좋겠어요.

졸업 여행은 외국으로 가다 → 졸업 여행은 외국으로 갔으면 좋겠어요.

1) 좀 더 날씬하다   2) 선물이 마음에 드시다

3) 튼튼하고 가볍다   4) 일이 다 잘되다

《練習４》例にならって語句を入れて，文を作ってみましょう。

例 _____ 네요.

키가 아주 크다 → 키가 아주 크네요.

1) 사이즈가 딱 맞다　　　2) 짐(荷物)이 굉장히 무겁다

3) 세탁기가 매우 크다　　　4) 저 사람은 너무 말랐다

《練習５》例にならって語句を入れて，文を作ってみましょう。

例 ＿＿＿＿＿＿게 ＿＿＿＿＿＿

　　옷을 깨끗하다(清潔だ) / 빨았어요 → 옷을 깨끗하게 빨았어요.

1) 맛있다 / 만들어 주세요.

2) 당근(人参)은 더 두껍다 / 잘랐으면 좋겠어요.

3) 냉장고에 넣어서 시원하다 / 먹어요.

4) 화장을 너무 진하다 / 했네요.

《練習６》例にならって語句を入れて，文を作ってみましょう。

例 저렇다 +(으)ㄴ 일은 하고 싶지 않아요. → 저런 일은 하고 싶지 않아요.

1) 그건 그렇다(現在形に).

2) 얼굴이 하얗다 +아/어서 빨간색이 잘 어울려요.

3) 여행은 어떻다(過去尊敬の疑問形に)

4) 이건 저기에 놓다 +아/어 주세요.

5) 까맣다 +(으)ㄴ 우산이 제 거예요.

★ **課題1 ＜話す＞**

例にならって会話をしてみましょう。

例

다나카：　이 치마 어떻게 해요?

점　원：　76,000원이에요. 마음에 드시면 한번 입어 보세요.

(잠시 후)

점　원：　잘 어울리시네요.

다나카：　디자인은 괜찮은데 색깔이 좀… 이거 말고 다른 색깔은 없어요?

점　원：　여기 검정색하고 갈색도 있어요.

다나카：　갈색이 예쁘네요. 이걸로 주세요.

점　원：　알겠습니다. 계산은 현금으로 하시겠어요? 카드로 하시겠어요?

다나카：　카드로 할게요.

점　원：　일시불로 할까요? 할부로 할까요?

다나카：　일시불로 해 주세요.

〔語句〕 말고 ～ではなく，다른 他の，현금 現金，～(으)ㄹ게요〔-ㄹ께요〕 ～します(ね)，일시불〔一時払〕〔일씨불〕 一括払い，할부〔割賦〕分割払い

★ **課題2 ＜読む＞**

次の文章を読んで，質問に答えてみましょう。

인터넷 쇼핑

　요즘은 쇼핑 문화도 많이 달라졌습니다. 옛날에는 가게에 직접 가서 물건을 샀지만 요즘에는 인터넷으로 물건을 사는 일도 많습니다. 가게에 직접 가서 물건을 사는 것을 오프라인 쇼핑, 인터넷으로 물건을 사는 것을 온라인 쇼핑이라고 합니다.

온라인 쇼핑의 장점은 무엇보다 편리하고 쉽게 물건을 살 수 있는 것입니다. 시간도 절약할 수 있고 값도 쌉니다 여러 가지 상품을 한꺼번에 비교할 수 있는 것도 장점의 하나입니다. 한편, 단점도 있습니다. 물건을 직접 보고 사는 것이 아니어서 사이즈나 색깔이 생각과 다를 수 있습니다. 그리고 배송료가 있어서 오프라인 가격보다 비쌀 수도 있습니다. 가끔 물건이 가짜인 경우도 있습니다. 여러분은 오프라인 쇼핑과 온라인 쇼핑 중 어느 쪽을 많이 이용합니까?

〔語句〕문화 文化, 달라지다 変わる, 직접 直接, ～이라고 ～と, 장점 [장쩜] 長所, 편리하다 便利だ, 절약하다 節約する, 상품 商品, 한꺼번에 一度に・一まとめに, 비교하다 比較する, 한편 一方, 단점 [단쩜] 短所, 배송료 配送料, 가짜 偽者, 경우 場合, 이용하다 利用する

内容と合っていれば○，間違っていれば×をつけましょう。

1) 온라인 쇼핑은 오프라인보다 빠르고 쉽게 물건을 살 수 있는 점이 좋습니다. (　　　)

2) 오프라인 쇼핑은 여러 상품을 한꺼번에 직집 보고 살 수 있어서 좋습니다. (　　　)

3) 온라인 쇼핑은 언제나 오프라인 쇼핑보다 가격이 쌉니다. (　　　)

★ 課題3　＜聞く＞　　　　　　　　　🎧 14-10
次のキム・スジンさんと店員さんの会話を聞いて，質問に答えてみましょう。

〔語句〕무슨 何か, 벨트 ベルト, 흠 傷, 재고 在庫, (시간이) 걸리다 (時間が) かかる

(1)　内容と合っていれば○，間違っていれば×をつけましょう。

1) スジンさんは青色のカバンに交換しようとする。(　　　)

2) スジンさんが希望する色のカバンはこの店にはおいていない。(　　　)

3) スジンさんは領収書がなくてカバンを交換できなかった。（　　　　）

(2)　質問に答えましょう。

1) 수진 씨는 언제 가방을 샀습니까?

_____

2) 수진 씨는 왜 가방을 바꾸고 싶어합니까?

_____

3) 오늘 새 가방을 주문하면 언제 받을 수 있습니까?

_____

参考 5 -着用動詞

① 입다(着る) : 치마(スカート)，바지(ズボン)，청바지(ジーパン)，반 바지(半ズボン)，티셔츠(ティーシャツ)，속옷(下着)，정장(正装・スーツ)，양복(男性用スーツ)，원피스(ワンピース)，스웨터(セーター)，코트(コート)

② 신다(履く) : 신발(靴)，구두(革靴)，운동화(運動靴・スニーカー)，부츠(ブーツ)，샌들(サンダル)，양말(靴下)，스타킹(ストッキング)

③ 쓰다(かける, かぶる, 差す) : 안경(メガネ)，모자(帽子)，우산(傘)

④ 끼다(はめる, かける) : 반지(指輪)，장갑(手袋)，렌즈(コンタクト)，안경(メガネ)

⑤ 차다(はめる, つける) : 시계(時計)，팔찌 (ブレスレット)

⑥ 들다(さげる) : 가방(かばん)

⑦ 메다(背負う, かける) : 가방(かばん)，배낭(リュックサック)

⑧ 매다(締める) : 넥타이(ネクタイ) ，벨트(ベルト)

⑨ 하다(する) : 목도리(マフラー)，스카프(スカーフ)，넥타이(ネクタイ)，벨트(ベルト)，목걸이(ネックレス)，귀걸이(イヤリング・ピアス)

第15課

約束・通信

第 15 課 **約束・通信**

目標

・約束の取り付けや変更，キャンセルができる。
・韓国語で電話やメールのやりとりができる。

会話本文

🎧 15-1

이수연 :　여보세요, 저 수연인데요.

노무라 :　미안해요. 아르바이트 중이라서 한 시간 후에 다시
　　　　　 전화할게요.

(한 시간 후)

노무라 :　수연 씨, 이제 아르바이트 끝났어요. 무슨 일이에요?

이수연 :　지금 메이 씨 집에 와 있는데요.
　　　　　 같이 한국 음식을 만드는 중이에요.

노무라 :　한국 음식요? 맛있겠네요.

이수연 :　시간 괜찮으면 놀러 오세요.
　　　　　 신년회도 아직 안 했잖아요.

노무라 :　정말요? 좋죠.
　　　　　 음료수나 과일 좀 사서 갈까요?

이수연 :　음료수는 있는데 술이 없어요.

노무라 :　그럼, 술하고 딸기 좀 사서 갈게요.

発音

🎧 15-2

- 전화할게요 ［저놔할께요］ ㅎの弱化，特殊な濃音化
- 무슨 일이에요 ［무슨니리에요］ ㄴ挿入
- 한국 음식요 ［한구금싱뇨］ ㄴ挿入，鼻音化 cf.「한구금시교」と発音することもある。
- 맛있겠네요 ［마싣껜네요］ 濃音化，鼻音化
- 했잖아요 ［핻짜나요］ 濃音化，ㅎ脱落
- 정말요 ［정말료］ ㄴ挿入，流音化
- 음료수 ［음뇨수］ 「ㄴ, ㄹ」以外のパッチムにㄹが続くと，「ㄴ」で発音される
- 갈게요 ［갈께요］ 特殊な濃音化

語句

- 体言 (이)라서 ～なので（理由）
- 신년회 新年会

基本語句 12　🎧 15-3

1．約束・通信に関する語句

날짜 日付	장소 場所	모이다 集まる
지키다 守る 취소하다〔取消-〕キャンセルする		연기하다 延期する
메모 メモ	통화 通話	~중 ~中
문자〔문짜〕메시지 文字メッセージ		음성 메시지 音声メッセージ
연락하다〔열라카다〕連絡する		남기다 残す
전하다〔傳-〕伝える		전화를 걸다 電話をかける
전화를 받다 電話に出る		전화를 끊다 電話を切る
자리에 없다 席をはずしている		

전화(를) 잘못 거셨습니다. 間違い電話です。

_____씨 좀 바꿔 주세요.　~さんにちょっと代わってください。

말씀 좀 전해 주세요.（伝言）ちょっとお伝えください。

메일 メール 편지〔便紙〕手紙		답장〔答狀〕返事, 返答
소포 小包　봉투 封筒		우표〔郵票〕切手
주소 住所　연락처〔열락처〕〔連絡處〕連絡先		
우편번호 郵便番号		부치다 送る, 送り出す
붙이다〔부치다〕張る, つける		들다 入る
여보세요. もしもし		

축하합니다(축하해요). おめでとうございます。祝賀します。

2．時間名詞（3）

한 시간 一時間　　두 시간 二時間　　　세 시간 三時間

하루・일일 <u>一日</u>　　　이틀・이일 <u>二日</u>　　　사흘・삼일 <u>三日</u>

일주일 [일쭈일] 〔一週日〕一週間　　이주일 〔二週日〕二週間

삼주일 〔三週日〕三週間　　한 달・일개월 <u>一ヶ月</u>

두 달・이개월 <u>二ヶ月</u>　　　세 달・삼개월 <u>三ヶ月</u>

일년 [일련] <u>一年</u>　　　　이년 <u>二年</u>　　　　삼년 <u>三年</u>

3．その他

요금 <u>料金</u>　　　　　　　　（돈이）들다（お金が）かかる

（시간이）걸리다（時間が）かかる

아무도（否定表現を伴って）誰も　아무것도（否定表現を伴って）何も

이따가 後ほど，後で　　　　빠르다(르変) 速い，早い

느리다（速度が）遅い　　　　편리하다 [펄리-] <u>便利</u>だ

편하다 〔便-〕楽だ，快適だ　　불편하다 <u>不便</u>だ，快適ではない

늦다 遅れる，（時間が）遅い　　믿다 信じる

안 되다 だめだ，いけない

文法および表現 12

・〜 중이다，〜 는 중이다 〜中である

・〜 (으)ㄹ게요 〜します(ね)

・〜 아/어 있다 〜している

・〜 요 丁寧な言い方にする形

・〜 (으)ㄴ데요，〜 는데요 〜んですが，〜（する）のですが

・〜 잖아요 〜じゃないですか

15 - 1 　〜 중이다, 〜는 중이다 🎧 15-4

・「〜 중이다」は「〜中である，〜ところである」の意味。動詞や있다の場合は，現在連体形에 중이다が続く。

体言 ＋ 중이다

動詞や있다の語幹 ＋ 는 중이다

例 과장님은 회의 중이세요. 　課長は会議中です。

　　지금 가는 중입니다. 　今，向かっているところです。

15 - 2 　〜(으)ㄹ게요 🎧 15-5

・聞き手に対して話し手が意思を表明するときに使われる。約束の意味がある。

動詞や있다の語幹 ＋ (으)ㄹ게요

・会話体で，現在の平叙形としてのみ使われる。主語は1人称に限る。
・［-ㄹ께요］と発音されることに注意。

例 A: 내일 몇 시에 전화할 거예요? 　明日，何時に電話しますか。

　　B: 열 시쯤 전화할게요. 　10時くらいに電話しますね。

　　A: 떡이 하나 남았네요. 드시겠어요? 　餅が一つ残っていますね。召し上がりますか。

　　B: 네, 제가 먹을게요. 　はい，私が食べます。

A: 방학 때 뭐 할 거예요? 休みのとき何をするつもりですか。

B: 한국에 여행 갈 거예요. (○) 韓国に旅行に行きます。

　한국에 여행 가요. (○)

　한국에 여행 갈게요. (✕)

15 - 3 ～아/어 있다 🎧 15-6

・動作が終わった後の状態が続くことを表す。日本語では「～している」となる。進行形の「～고 있다」との違いに注意！

動詞語幹 + -아/어 있다

・自動詞の語幹につく。否定形は「～어 있지 않다, 안~어 있다」となり, 尊敬形は「～어 계시다」である。

例 그 선배는 한국에 유학을 가 있어요.

　あの先輩は韓国へ留学に行っています。

　휴대폰은 가방에 들어 있습니다. 携帯はカバンに入っています。

　그림이 벽에 걸려 있지 않아요.　絵は壁にかかっていません。

　집에 부모님이 와 계세요.　家に両親が来ています。

《練習１》日本語の文は韓国語に, 韓国語の文は日本語に訳してみましょう。

1) 지금 요금을 계산하는 중입니다.

2) 사장님(社長)은 중국에 출장을 가 있어요.

3) 祖母はもう起きています。

4) 私がお手伝いしますね。（～(으)ㄹ게요を使うこと）

〜요 丁寧な言い方にする形 15-7

・「요」は，単語や文節などにつけてぞんざいな言い方を丁寧な言い方に作る形である。

・ㄴ挿入などの発音の変化に注意すること。前に来る語句が子音で終わっている場合は「이」が入ることがある。

例 가방요[가방뇨]，　정말요[정말료]

　　오늘이요，　지갑이요

（1）해요体の요

해요体は連用形に요がついた形である。요がなければぞんざいな言い方になる。

（2）語句につく요

① 短い返事や質問

　A: 저 다음 달에 홋카이도에 가요.　私，来月北海道に行きます。

　B: 왜 홋카이도에 가요? → 왜+요（重複する部分を省いて）　→ 왜요?
　　なぜですか。

　　{다음 달 언제요?/혼자서요?/누구하고요?/정말요(정말이요)?}

　A: 커피 드시겠어요, 홍차 드시겠어요?
　　コーヒー召し上がりますか，紅茶召し上がりますか。

　B: 커피 마실게요. (○) / 커피요. (○) / 커피예요. (×)

② 聞き返し

　A: 이번 여름에 한국에서 '난타' 공연을 보러 갔어요.
　　今年の夏に韓国に「ナンタ」の公演を見に行きました。

　B: {난타요?/여름에요?/한국에서요?}

A: 오늘 명동에 가방하고 지갑을 사러 갈 거예요.

今日，明洞(地名)にカバンと財布を買いに行きます。

B: {오늘요(오늘이요)?/명동요(명동이요)?/가방요(가방이요)?/지갑요
(지갑이요)?}

15 - 5 ～(으)ㄴ데요, ～는데요 🎧 15-8

・前置き，または状況や背景の説明に用いられる接続語尾に「요」をつけると文末語尾として使うことができる。「～んですが，～（する）のですが」に当たる表現。

① 現在

> 動詞・存在詞の語幹 (＋ －(으)시－) ＋ -는데요

> 形容詞・指定詞の語幹 (＋ －(으)시－) ＋ -(으)ㄴ데요

② 過去・その他

> すべての語幹 (＋ －(으)시－) ＋ -았/었는데요

> すべての語幹 (＋ －(으)시－) ＋ -겠는데요

例 지금은 좀 바쁜데요. 이따가 다시 전화 드릴게요.

今はちょっと忙しいんですが，後ほど改めてかけ直します。

토요일에는 약속이 있는데요. 일요일에 만나면 어떨까요?

土曜日には約束があるのですが，日曜日に会ったらいかがでしょうか。

선생님 수업을 듣는 학생인데요. 좀 여쭤 보고 싶은 게 있습니다.

先生の授業を受けている学生なんですが，ちょっとお尋ねしたいことがあります。

어제는 좀 늦게 잤는데요. 별로 안 피곤하네요.

昨日はちょっと夜遅くまで起きていたのですが，それほど疲れていないですね。

잘 모르겠는데요. 다시 한번 가르쳐 주시겠어요?

よくわからないんですが，もう一度教えていただけませんか。

15 - 6   ～잖아요   🎧 15-9

- 「지 않아요」の縮約形で，日本語の「～じゃないですか」に当たる。

用言語幹 (＋ -(으)시- ＋ -었-) ＋ -잖아요

例 거기는 너무 멀잖아요. あそこは遠すぎるじゃないですか。

지금 하고 있잖아요. 今やっているじゃないですか。

어제 말했잖아요. 昨日言ったじゃないですか。

《練習２》日本語の文は韓国語に，韓国語の文は日本語に訳してみましょう。

1) 아무도 없잖아요.

2) 비가 오겠는데요. 우산 있으세요?

3) 約束の場所を忘れてしまったんですが

〔忘れてしまう：잊어버리다〕

4) お金がたくさんかかるじゃないですか。

表現練習

《練習１》例にならって語句を入れて，文を作ってみましょう。

例 ＿＿＿＿＿＿중입니다. / ＿＿＿＿＿＿는 중입니다.

공사(工事) → 공사 중입니다.

청소를 하다 → 청소를 하는 중입니다.

1) 통화   2) 유학을 준비하다

3) 식사   4) 사무실에 전화를 걸다

《練習2》例にならって語句を入れて，文を作ってみましょう。

例　_____ 아/어 있어요.

시계가 걸리다(かかる) → 시계가 걸려 있어요.

1) 가게 앞에 사람들이 모이다   2) 메모가 붙다(はる)

3) 학생들이 의자에 앉다   4) 소포에 아무것도 안 들다

《練習3》例にならって語句を入れて，会話を完成させましょう。

例　A: _____a_____?　　B: _____b_____ (으)ㄹ게요.

a. 편지는 언제 부치다　b. 내일 오전에 부치다 →

A: 편지는 언제 부쳐요?　B: 내일 오전에 부칠게요.

1) a. 오늘 몇 시에 오다　b. 이따가 5시쯤 가다

2) a. 언제 답장 보낼 거다　b. 바로 답장 보내다

3) a. 전화 못 받으면 어떻게 하다　b. 메시지 남기다

4) a. 선생님께는 누가 연락하다　b. 제가 전해 드리다

《練習4》例にならって語句を入れて，文を作ってみましょう。

例　_____ (으)ㄴ데요/는데요.

교실이 좀 춥다　→　교실이 좀 좀 추운데요.

1) 지금 자리에 없다   2) 전화 잘못 거셨다

3) 모임(集まり)에 좀 늦었다   4) 인터넷이 너무 느리다

5) 토요일은 안 되다   6) 이틀 후 약속을 못 지키겠다

《練習５》日本語訳を見て，会話を完成させましょう。

例　A:＿＿＿＿＿＿? B: ＿＿＿＿＿요.

　　A: 주말에 요가를 했어요.　　B: ヨガですか。→ 요가요?

1) A: 봉투에 우표를 안 붙였네요.　B: 切手ですか。→
2) A: 내일 회의는 취소하겠습니다.　B: 本当ですか。→
3) A: 뭘 드시겠어요? B: 私はコーヒーです。→
4) A: 현금(現金)이 편리해요? 신용 카드(クレジットカード)가 편리해요? B: クレジットカードです。→

《練習６》例にならって語句を入れて，文を作ってみましょう。

例　＿＿＿＿＿＿잖아요.

　　학기(学期) 시작되면 바쁘다 → 학기 시작되면 바쁘잖아요.

1) 요즘 이게 유행이다　　　　2) 그렇게 하면 불편하다
3) 우편번호 가르쳐 주다　　　4) 그 사람 말을 믿었다

★ 課題1　＜話す＞

次は電話での会話です。例にならって話してみましょう。

例　수진：　여보세요. 저 수진인데요.

　　유리：　안녕하세요? 웬일이세요?

　　수진：　토요일 약속 때문에 전화했어요.

　　　　　　미안한데 그날 5시 약속 한 시간만 늦출 수 있을까요?

　　유리：　그러면 6시요?

　　　　　　전 괜찮은데요. 무슨 일 있어요?

　　수진：　토요일 아르바이트 시간이 바뀌었어요.

　　유리：　알겠어요. 약속 장소는 센다이 역 서쪽 출구 맞죠?

　　수진：　네. 토요일 6시에 거기서 만나요.

　　유리：　그럼 토요일에 봐요.

　　수진：　고마워요. 끊을게요.

〔語句〕웬일이세요? どうしたんですか，体言 때문에 ～のために（原因・理由），늦추다 遅らせる，바뀌다 変わる，서쪽 西側・西，출구 出口

★ 課題2　＜読む＞

次の田中さんのメールを読んで，質問に答えてみましょう。

> 김 선생님께
>
> 안녕하세요?
> 금요일 5교시 한국어 수업을 듣고 있는 다나카 히로시입니다.
> 정말 죄송한데요. 모레 수업을 결석하게 됐습니다.

어제 친구들하고 축구를 했는데 다리를 좀 다쳤습니다.

그래서 일주일 정도는 걸을 수 없습니다.

이번 주에 제 발표가 있는데 혹시 다음 주로 연기해도 될까요?

그리고 숙제가 있으면 좀 알려 주시면 감사하겠습니다.

여러 가지로 번거롭게 해서 정말 죄송합니다.

그럼, 답장 기다리겠습니다.

안녕히 계세요.

다나카 히로시 드림

〔語句〕회화 会話, ～게 되다 ～ことになる, 다리 脚, 다치다 怪我を
する, 발표 発表, 혹시 もし, 알리다 知らせる・教える, 번거
롭게 하다 迷惑をかける・手を煩わせる

(1) 内容と合っていれば○, 間違っていれば×をつけましょう。

1) 田中さんが怪我をしたのは火曜日である。（　　　）

2) 田中さんはメールに今週金曜日に課題の提出ができなくなったと書
いた。（　　　）

3) 田中さんは今週の発表を来週に延期できるか尋ねている。（　　　）

(2) 質問に答えましょう。

1) 다나카 씨는 왜 다리를 다쳤습니까?

_____

2) 다나카 씨는 무슨 요일에 김 선생님에게 메일을 보냈습니까?

_____

★ 課題3　＜聞く＞　🎧15-10

次は郵便局での会話です。　会話を聞いて，質問に答えてみましょう。

〔語句〕 며칠이나 何日くらい，비행기 飛行機，배 船，종이 紙，적다 書
く・記入する，상자 箱・ダンボール，무게 重さ，도착하다 到着
する

(1) 内容と合っていれば○，間違っていれば×をつけましょう。

1) この人は荷物を料金が安い船便で送ろうとしている。(　　　　)
2) ダンボール箱には食べ物と本と洋服が入っている。(　　　　)
3) 外国に送る荷物のため郵便番号は書かなくてもよい。(　　　　)
4) 荷物が日本に届くと携帯にメッセージが送られる。(　　　　)

(2) 空欄を埋めましょう。 （数字はアラビア数字に書くこと）

1) 비행기로 보내면 (　　　　　　) 배로 보내면 (　　　　　　　)
걸릴 거예요.

2) 무게는 (　　　　　　)이고 요금은 (　　　　　　)입니다.

第16課

旅行・予約

第16課 旅行・予約

目標

・旅行の経験や計画について話すことができる。
・宿泊，公演，食堂などの予約ができる。

会話本文

🎧 16-1

노무라 : 여보세요.

김민우 : 노무라 씨, 저 민우인데요.

노무라 : 민우 씨, 오래간만이에요.

다음 달에 일본에 오는 거죠?

김민우 : 네. 그래서 일본 가기 전에 물어보고 싶은 게 있어
서 전화했어요.

옷 말인데요. 두꺼운 코트는 안 가져가도 되겠죠?

노무라 : 네, 일본 날씨는 그렇게 춥지 않으니까 안 가져와
도 될 거예요.

김민우 : 그리고 숙박은 어떻게 하는 게 좋을까요?

처음 가는 곳이라서 인터넷에서 찾아봐도 잘 모르겠
어요.

노무라 : 그러면 제가 유학생 친구들한테 한번 물어볼까요?

김민우 : 정말요? 그래도 돼요?

노무라 : 그럼요. 원하는 조건이 있어요?

김민우 :　　싸고 교통이 편리한 곳이었으면 좋겠어요.

　　　　　호텔도 좋고 게스트하우스도 괜찮아요.

노무라 :　　알겠어요. 알아보고 나서 메일 보낼게요.

発音　　　　　　　　　　　　　🎧 16-2

- 될 거예요 [될꺼에요]　特殊な濃音化
- 정말요 [정말료]　ㄴ挿入, 流音化
- 그럼요 [그럼뇨]　ㄴ挿入
- 편리한 [펼리한]　流音化
- 보낼게요 [보낼께요]　特殊な濃音化

語句

- 말인데요 ～のことですが
- 体言 (이)라서 ～なので (理由)
- 찾아보다 探してみる, 調べてみる
- 원하다 希望する, 願う
- 교통 交通
- 날씨 天気
- 유학생 留学生
- 조건 [조껀]　条件
- 알아보다 調べる

基本語句 13　🎧 16-3

1. 旅行・予約に関する語句

여행사〔旅行社〕旅行会社　　　해외여행 海外旅行

배낭여행〔背囊旅行〕バックパック旅行　　　~박（漢数詞につけて）~泊

~일（漢数詞につけて）~日　　　관광객 観光客　　　호텔 ホテル

게스트하우스 ゲストハウス　　　숙박 宿泊　　　박물관 博物館

미술관 美術館　　　대사관 大使館　　　시내 市内

시골 田舎　　　도시 都市　　　산 山

바다 海　　　강〔江〕川　　　온천 温泉

경치〔景致〕景色　　　환율〔換率〕為替レート

환전〔換錢〕両替　　　표〔票〕切符，チケット

예매하다〔豫買-〕先払いで買う　　　예약하다 予約する

구경하다 見物する，見学する　　　관광하다 観光する

출발하다 出発する　　　도착하다 到着する

묵다 泊まる　　　안내하다 案内する

마중(을) 나가다 出迎えに行く　　　마중(을) 나오다 出迎えに来る

계획을 세우다 計画を立てる

2. 形容詞（3）

친하다〔親-〕親しい　친절하다 親切だ　아름답다(ㅂ変) 美しい

유명하다 有名だ　조용하다 静かだ　시끄럽다(ㅂ変) うるさい

깨끗하다 清潔だ，きれいだ　　　더럽다(ㅂ変) 汚い

지저분하다 汚い，きれいでない

3．その他

모두 みな，全員	여기저기 あちこと	후 後
이제 今，もう	기억 <u>記憶</u>	담배 タバコ
확인하다 <u>確認</u>する	남다 残る	피우다 吸う

돌아가다 戻っていく，帰る　　　돌아오다 戻ってくる，帰る

들어가다 入っていく　　　　　들어오다 入ってくる

가져가다 持っていく　　　　　가져오다 持ってくる

文法および表現 13

- ～(으)니까 ～から，～ので
- ～아/어도 ～しても
- ～아/어도 되다(괜찮다) ～してもいい/構わない
- ～기 전에 ～（する）前に
- ～고 나서 ～してから，～した後に
- ～(으)ㄴ 후에，～(으)ㄴ 뒤에，～(으)ㄴ 다음에 ～した後に

文法及び表現

16 - 1 ～(으)니까 🎧 16-4

・理由の意味を表す接続語尾。日本語の「～から，～ので」に当たる。

用言語幹 （+ -(으)시- + -었- ） + -(으)니까

・原則的に後続文の文末語尾に制約はないものの，命令や勧誘の表現が来ることが多い。

例 친구가 마중을 나오니까 조금 기다리세요.

友だちが出迎えに来るので少しお待ちください。

거기는 경치도 좋고 아름다운 바다도 있으니까 꼭 가 보고 싶어요.

そこは景色がいいし美しい海もあるので，ぜひ行ってみたいです。

다 모였으니까 시작할까요? みんな集まったので，始めましょうか。

注意

「-어서」と「-니까」の違い

1) 「-어서」は文末語尾として命令や勧誘の表現が来ることができないが，「-니까」はできる。

例 a-1. 비가 와서 택시를 탑니다. (O) 雨が降ってタクシーに乗ります。

a-2. 비가 오니까 택시를 탑니다. (O) 雨が降っているのでタクシーに乗ります。

b-1. 비가 와서 택시를 타세요. (X) 雨が降ってタクシーに乗ってください。

b-2. 비가 오니까 택시를 타세요. (O) 雨が降っているのでタクシーに乗ってください。

c-1. 비가 와서 택시를 탈까요? (X) 雨が降ってタクシーに乗りましょうか。

c-2. 비가 오니까 택시를 탈까요? (O) 雨が降っているのでタクシーに乗りましょうか。

2) 「-어서」は基本的に「原因-結果」の因果関係を表す。これに対し「-니까」は，話し手にとっては妥当な（当然な）理由であるというニュアンスを持つ。

例 a: 왜 지각했어요? なぜ遅刻しましたか。

b-1: 늦잠을 자서 지각했어요. 朝寝坊して遅刻しました。

：遅刻をしたという結果に対してその原因は何だったか，単純な事実関係を説明
　する。

a: 왜 지각했어요?　なぜ遅刻しましたか。

b-2: 늦잠을 잤으니까 지각했어요.　朝寝坊したので遅刻しました。

：自分にとっては妥当な理由であっても相手に認められないことを「-니까」を使っ
　て表現すると，生意気な印象を与えるので注意すること。

3)「-니까」は，ある事実を理由とした話し手の主観的な判断を表す場合もあり，誰もが
認める客観的な理由を表す場合もある。前者は「-어서」と置き換えることができない
が，後者は置き換えられる。

例 a-1. 민우에게 한국어를 배우니까 민우는 제 한국어 선생님이에요. (O)

　　 a-2. 민우에게 한국어를 배워서 민우는 제 한국어 선생님이에요. (X)

　　 b-1. 비가 와서 시원해졌어요. (O)

　　 b-2. 비가 오니까 시원해졌어요. (O)

《練習１》日本語の文は韓国語に，韓国語の文は日本語に訳してみましょう。

1) 약속 시간에 늦었으니까 제가 저녁을 살게요.

2) 음식도 맛있고 친절하니까 항상 손님(お客さん)이 많습니다.

3) 近いから歩いて行きましょうか。

4) 今，会議中ですので，後ほどお電話ください。

16 - 2 　〜아/어도　　🎧16-5

・譲歩の意味を表す接続語尾。「〜ても，〜でも」に当たる。

　用言語幹 （＋ -(으)시- ＋ -었- ）＋ -아/어도

例 물어봐도 대답해 주지 않습니다.　聞いても答えてくれません。

　　 값이 좀 비싸도 꼭 사고 싶어요.

　　 値段がちょっと高くても必ず買いたいです。

지금 가셔도 만나실 수 없을 거예요.
今いらっしゃってもお会いになれないと思います。

~아/어도 되다(괜찮다)   🎧 16-6

・許容や許可の意味を表す。「~てもいい, ~ても構わない」に当たる
　表現。

　用言語幹 (+ -(으)시-) +아/어도 되다(괜찮다)

例 여기에서 사진을 찍어도 돼요?　ここで写真を撮ってもいいですか。
　 네, 사진을 찍어도 괜찮아요.　 はい, 写真を撮っても構いません。
　 이제 들어가셔도 됩니다.　 もうお入りになってもいいです。

《練習2》日本語の文は韓国語に, 韓国語の文は日本語に訳してみましょう。
1) 이번에는 좀 비싼 호텔에서 묵어도 돼요?
2) 관광객들이 많아도 수입(収入)은 적습니다.
3) メールで送っても構いませんか。
4) 知っていても話せません。

~기 전에   🎧 16-7

・「~する前に」に当たる表現。

　動詞や있다の語幹 (+ -(으)시-) + -기 전에

例 밥을 먹기 전에 손을 씻어요. ごはんを食べる前に手を洗います。

호텔을 취소하기 전에 여행사에 확인을 했습니다.

ホテルをキャンセルする前に旅行会社に確認をしました。

식기 전에 드세요. 冷めないうちに召し上がってください。

16 - 5 ~고 나서

~(으)ㄴ 후에, ~(으)ㄴ 뒤에, ~(으)ㄴ 다음에 🎧 16-8

・「~した後に，~してから」に当たる表現。会話では「~고 나서」の方がよく用いられる。

> 動詞や있다の語幹 （＋ －(으)시－）＋ -고 나서
> 動詞や있다の語幹 （＋ －(으)시－）＋ -(으)ㄴ 후에／-(으)ㄴ 뒤에／-(으)ㄴ 다음에

・類似表現として「~고 난 후에，~고 난 다음에，~고 난 뒤에」の形もある。

例 숙제 다 끝내고 나서 나갈 거예요.

宿題やり終えてから出かけるつもりです。

옷을 갈아입은 다음에 아침을 먹어요.

洋服を着替えてから朝ごはんを食べます。

오늘 퇴근한 후에 친구하고 약속이 있습니다.

今日，退社した後に友人と約束があります。

구입한 뒤에는 환불은 안 됩니다. 購入した後は返品はできません。

《練習 3》日本語の文は韓国語に，韓国語の文は日本語に訳してみましょう。

1) 먼저 번역본(翻訳版)을 읽은 다음에 한국어로도 읽을 거예요.

2) 도착하기 삼십 분 전에 전화를 했습니다.

3) 予約した後に必ず確認してください。

4) 博物館に入る前にチケットを買います。

表現練習

《練習１》例にならって語句を入れて，文を作ってみましょう。

例 ____a____ (으)니까____b____

   a. 시간이 없다 b. 택시로 가요. → 시간이 없으니까 택시로 가요.

1) a. 유명한 온천이다　b. 꼭 한번 가 보세요.

2) a. 전문가(專門家)가 안내해 주시다　b. 더 재미있네요.

3) a. 방이 지저분하다　b. 깨끗하게 청소하세요.

4) a. 모두 왔다　b. 이제 출발할까요?

5) a. 그 콘서트는 인기가 많다　b. 미리(前もって・予め) 표를 예매했
   습니다.

《練習２》例にならって語句を入れて，文を作ってみましょう。

例 ____a____ 아/어도____b____

   a. 이름을 부르다 b. 대답이 없었습니다.

   → 이름을 불러도 대답이 없었습니다.

1) a. 집에 늦게 돌아가다　b. 아무도 몰라요.

2) a. 커피숍이 조금 시끄럽다　b. 일을 할 수 있어요.

3) a. 좀 비싸다　b. 역 가까운 곳에 숙박하는 게 좋아요.

4) a. 요즘은 시골에서 살다　b. 불편한 건 없습니다.

《練習3》例にならって語句を入れて，会話を完成させましょう。

例 A: _____아/어도 돼요? B: 네, _____아/어도 돼요.

　　　　　　　　　　　　네, _____(으)셔도 괜찮아요.

　　아침 일찍 전화하다 → A: 아침 일찍 전화해도 돼요?

　　　　　　　　　　　　 B: 네, 아침 일찍 전화해도 돼요.

　　　　　　　　　　　　　　네, 아침 일찍 전화하셔도 괜찮아요.

1) 내일 좀 늦다
2) 공항(空港)에서 환전을 하다
3) 빨리 예약하지 않다
4) 양파(玉ねぎ)는 지금 굽다

《練習4》例にならって語句を入れて，文を作ってみましょう。

例 _____a_____기 전에_____b_____

　　a. 출발하다 b. 문자를 보냈어요. → 출발하기 전에 문자를 보냈어요.

1) a. 수영을 하다 b. 준비(準備) 운동을 해요.
2) a. 마중을 나가다 b. 확인 전화를 했습니다.
3) a. 밤에 자다 b. 화장실에 갑니다.
4) a. 유럽으로 배낭여행을 가다 b. 친구들하고 계획을 세웠어요.

《練習5》例にならって語句を入れて，文を作ってみましょう。

例 _____a_____고 나서_____b_____

　　a. 음료수를 주문하다 b. 다른(他の) 음식도 시켰어요.

　　→ 음료수를 주문하고 나서 다른 음식도 시켰어요.

1) a. 대학교에 입학하다

   b. 친구를 많이 사귀었어요. 〔사귀다 付き合う〕

2) a. 수업 끝나다

   b. 다시 전화할게요.

3) a. 자동차(車)를 팔다

   b. 후회(後悔) 했어요.

4) a. 아침을 먹다

   b. 혼자서 여기저기 돌아다녔어요. 〔돌아다니다 歩き回る〕

《練習 6》例にならって語句を入れて，文を作ってみましょう。

例　___a___ (으)ㄴ 후에/(으)ㄴ 다음에___b___

　　　a. 음료수를 주문하다　b. 다른(他の) 음식도 시켰어요.

　　　→ 음료수를 주문한 후에 다른 음식도 시켰어요.

1) a. 먼저 바다를 보다　b. 산에도 갈 거예요.

2) a. 시내 관광이 끝나다　b. 자유(自由) 시간을 가졌습니다.

3) a. 미술관을 구경하다　b. 근처에 있는 강도 보러 가요.

4) a. 전화를 끊다　b. 기억이 났습니다. 〔기억이 나다 思い出す〕

★ 課題 1 ＜話す＞

次の会話を見て，例にならって話してみましょう。

例

유리： 민호 씨는 지금까지 여행 간 데 중에서 어디가 제일 좋았어요?

민호： 저는 후쿠오카가 기억에 남아요.

유리： 후쿠오카에서 어디를 구경했어요?

민호： 다자이후텐만구하고 규슈국립박물관에 갔어요.

　　　 마지막날에는 바다가 보이는 카페에서 커피도 마셨어요.

유리： 좋았겠네요.

민호： 유리 씨는 한국에서 어디에 가 봤어요?

유리： 저는 서울하고 부산하고 제주도에 간 적이 있는데요.

　　　 제주도가 정말 좋았어요.

민호： 제주도에서 뭐 했어요?

유리： *한라산에도 가고 해변 도로 드라이브도 했어요.

　　　 경치가 아주 아름다웠어요.

민호： 제주도의 *올레길이라는 산책 코스가 유명해요.

유리： 알아요. 저도 갔는데 겨울이라서 사람도 많이 없고 조용했어요.

민호： 제주도에 유명한 기념품이 있죠?

유리： 네, *돌하르방요. 기념품 가게에서 팔고 있었어요.

〔語句〕데 ところ，국립 ［궁닙］ 国立，마지막날 最終日，제주도 済州
　　　　島，해변 海辺，도로 道路，〜이라는 〜という， 体言 (이)라서
　　　　〜なので・〜だから，기념품 記念品・お土産
　　　　*한라산 済州島にある山。
　　　　*올레길 済州島にある徒歩散策コース。「올레」は済州島方言で
　　　　狭い通りという意味。

*돌하르방 済州島の住民たちが安寧と秩序を守護すると信じる石像。
「하르방」は済州島の方言で「할아버지」という意味。

★ **課題 2　＜読む＞**

次の文章を読んで，質問に答えてみましょう。

도서관 자리 예약

　저는 올해 일본에서 온 유학생입니다. 어제는 처음으로 도서관에 갔습니다. 책을 빌려서 자리에서 읽고 있었는데 어떤 학생이 "여기 제 자리인데요."라고 했습니다. 그리고 번호표를 보여 주었습니다. 저는 "죄송합니다. 그런데 이 표는 어디서 받는 거예요?"라고 물어봤습니다. 그 사람은 "밖에 있는 기계에서 받으세요."라고 대답해 주었습니다.

　저는 밖으로 나가서 자리를 예약할 수 있는 기계를 찾았습니다. 학생증을 대면 열람실의 좌석표가 나오고 원하는 자리를 누르면 번호표가 나오는 시스템이었습니다. 기본 세 시간을 이용할 수 있고 세 번까지 연장할 수 있습니다. 일본에서는 도서관에서 자리를 예약하는 것을 본 적이 없어서 조금 당황했습니다. 한국은 일본보다 취직이 어려워서 도서관에는 언제나 사람이 많습니다. 그래서 이런 시스템이 있는 것 같습니다.

〔語句〕자리 席，어떤 ある，～라고 ～と(引用)，번호표 番号札，기계 機械，학생증 学生証，대다 かざす，열람실 閲覧室，좌석표 座席表，원하다 希望する・願う，누르다 押す，기본 基本，이용하다 利用する，연장 延長，당황하다 慌てる，～는 것 같다 ～ようだ

1) 이 사람은 왜 처음에 앉은 자리에 계속 있을 수 없었습니까?

_____

2) 한번 자리를 예약하면 몇 시간까지 그 자리에 있을 수 있습니까?

_____

3) 한국의 도서관은 왜 이러한 시스템을 만들었습니까?

_____

＊課題3　＜聞く＞　　　　　　　　　　　　🎧 16-9

　次の会話を聞いて，質問に答えてみましょう。

〔語句〕금연석 禁煙席，흡연석 喫煙席，준비 準備，정식 定食，코스
　　　　コース，전통 伝統

(1) 内容と合っていれば○，間違っていれば×をつけましょう。

1) 予約時間は6時からで，予約人数は8名である。(　　　　)
2) 食事は，チゲと冷麺の中から選ぶことができる。(　　　　)
3) 食後にコーヒーや紅茶が提供される。(　　　　)

(2) 質問に答えましょう。

1) 이 사람은 금연석으로 예약을 했습니까? 흡연석으로 예약을 했습니까?

_____

2) 이 사람은 A코스와 B코스 중 어떤 것을 주문했습니까?

_____

第17課

交通

・バスや電車の路線について説明できる。
・道を尋ねることができる。

会話本文

🎧 17-1

김민우 : 노무라 씨 덕분에 센다이에서 잘 지냈어요.

내일 아침에 신칸센으로 도쿄에 갈 거예요.

노무라 : 뭘요. 저도 같이 가고 싶은데 기말 시험 때문에 시간
이 안 돼요.

도쿄에서는 어디에 갈 생각이에요?

김민우 : 내일은 아키하바라에 가려고 해요.

호텔이 오다이바 쪽인데 신바시에서 갈아타면 되죠?

노무라 : 네. 신바시에서 도쿄 방면 전철로 갈아타야 해요.

한 30분쯤 걸릴 거예요.

김민우 : 30분밖에 안 걸려요?

생각보다 가깝네요.

노무라 : 아키하바라에서는 뭐 할 거예요?

김민우 : 일본 애니메이션을 좋아하기 때문에 특별 전시회에
가려고 해요.

노무라 : 좋겠네요.

김민우 : 그런데 전철 안에서 휴대폰은 하면 안 되죠?

노무라 : 네, 문자는 괜찮은데 통화는 하면 안 돼요.

🎧 17-2

発音

• 뭘요 [뭘료] ㄴ挿入, 流音化

• 가깝네요 [가깜네요] 鼻音化

• 좋겠네요[조켄네요] 激音化, 鼻音化

• 괜찮은데[괘차는데] ㅎの脱落

語句

• 덕분에 〔德分-〕 おかげで

• 뭘요 いえいえ, とんでもないです

• 기말 시험 期末試驗   • 방면 方面

• 한 おおむね, 大体, 約   • 생각보다 思ったより

• 특별 特別   • 전시회 展示会

基本語句 14

🎧 17-3

1. 交通に関する語句

자동차 <u>自動車</u>, 車　기차 列車, <u>汽車</u>　　비행기 <u>飛行機</u>

배 船　　　　　고속버스 <u>高速</u>バス　　공항 <u>空港</u>

지하철역〔지하철력〕<u>地下鉄駅</u>

정류장〔정뉴장〕バス停, <u>停留場</u>　　교통 <u>交通</u>

첫차〔-車〕始発　　막차〔-車〕終発　　자리 席

길 道, 通り　　　골목 路地, 小路

사거리〔四-〕十字路, 交差点　　　　횡단보도 <u>横断歩道</u>

건널목 踏切, 横断歩道　　　　　　지하도 <u>地下道</u>

육교 歩道橋, <u>陸橋</u>　신호등〔信號燈〕信号　입구 <u>入口</u>

출구 <u>出口</u>　　　개찰구 <u>改札口</u>　　　주차장 <u>駐車場</u>

좌회전〔左廻轉〕左折　　　우회전〔右廻轉〕右折

직진 <u>直進</u>　　　　　　똑바로 まっすぐ

쭉 ずっと, まっすぐ　　　쪽 ～方, ～側

건너다 渡る　　　　　　세우다 止める

내리다 降りる, 降ろす　　지나가다 通る, 通り過ぎる

갈아타다 乗り換える　　　운전하다 <u>運転</u>する

올라가다 上がっていく, 登る　내려가다 下りていく, 下る

걸어가다 歩いていく　　　주차하다 <u>駐車</u>する

사고가 나다 <u>事故</u>が起きる　길이 막히다 道が混む

택시를 잡다 タクシーをつかまえる

2. 形容詞（4）

높다 高い   낮다 低い   복잡하다 複雑だ，混んでいる
넓다 広い   좁다 狭い   비슷하다 類似している，似ている

3. その他

어른 大人   아저씨 おじさん   아주머니 おばさん

처음 最初，初め   마지막 最後，終わり   소리 音，声

직접 直接   바로 すぐ，つい   늘 いつも，常に

얼마나 どのぐらい   갑자기 いきなり，急に，当然

앉다 座る   서다 立つ，止まる   켜다 点ける

끄다 消す，切る   나다 出る   내다 出す

데려가다 連れていく   데려오다 連れてくる

타는 곳 乗り場   표 사는 곳 切符・チケット売り場

文法および表現 14

- ~(으)려고 ~しようと
  ~(으)려고 하다 ~しようと思う・する
- ~(으)면 되다 ~すればいい
- ~(으)면 안 되다 ~してはいけない
- ~아/어야 하다(되다) ~しなければいけない，~するべきである
- ~기 때문에 ~（する）ので/から，~때문에 ~のために
- ~(이)나(2) ~くらい，~も
- ~밖에 ~しか

文法及び表現

17 - 1 ～(으)려고, ～(으)려고 하다　　🎧 17-4

動詞や있다の語幹 + -(으)려고

動詞や있다の語幹 + -(으)려고 하다

- 「～(으)려고」は主語の意図を表す接続語尾。日本語の「～しよう
  と」に当たる。
- 「～(으)려고 하다」は「～しようと思う，しようとする」に当たる表現。
- 動作動詞と使うことが多い。非動作動詞の場合は，「もうすぐ～す
  る」という意味で，近い将来にある出来事が起きることを表す。

例 이따가 간식으로 먹으려고 샀어요. 後でおやつに食べようと買いました。

리포트를 쓰려고 조사를 하고 있습니다.

レポートを書こうと思って調査をしています。

먼저 전화를 걸려고 했어요. 前もって電話をかけようと思っていました。

비가 오려고 하네요. 雨が降ろうとしていますね。

《練習１》日本語の文は韓国語に，韓国語の文は日本語に訳してみましょう。

1) 표 사는 곳 앞에서 만나려고 해요.

2) 이제 해가 뜨려고 합니다.〔해가 뜨다 日が昇る〕

3) 始発に乗ろうと朝早く起きました。

4) 自動車の運転は私がやろうと思います。

17 - 2 ~(으)면 되다   🎧 17-5

・「～すればいい」に当たる表現。

> 用言語幹 （+ -(으)시-） + -(으)면 되다

例 약속 장소까지 어떻게 가면 돼요?
　 約束の場所までどうやって行けばいいですか。
　 맛있으면 되죠. おいしければいいですよ。
　 이렇게 만들면 됩니다. こうやって作ればいいです。

17 - 3 ~(으)면 안 되다   🎧 17-6

・禁止や不許可の意味を表す表現。「～してはいけない，～したらだめ
　だ」に当たる。

> 用言語幹 （+ -(으)시-） + -(으)면 안 되다

例 지금 들어가시면 안 됩니다. 　今お入りになってはいけません。
　 여기에서 사진 찍으면 안 돼요? 　ここで写真, 撮ってはいけませんか。
　 그렇게 멀면 안 돼요. 　そんなに遠くてはいけないです。

17 - 4 ~아/어야 하다(되다)   🎧 17-7

・義務の意味を表す表現。「～しなければいけない，～するべきであ
　る」に当たる。

> 用言語幹 （+ -(으)시-） + -아/어야 하다(되다)

例 매일 약을 먹어야 돼요.　毎日薬を飲まなければいけないです。

내년에는 군대에 가야 돼요.　来年には軍隊に行かなければいけません。

쿠폰은 매표소에서 티켓으로 교환해야 합니다.

クーポンはチケット売り場でチケットに交換しなければなりません。

《練習２》日本語の文は韓国語に, 韓国語の文は日本語に訳してみましょう。

1) 어른에게 반말(ため口)을 하면 안 됩니다.

2) 이쪽으로 쭉 가시면 돼요.

3) 直接行かなければいけませんか。

4) ここで左折すればいいです。

17 - 5　〜기 때문에, 〜때문에　🎧 17-8

- 「〜기 때문에」は理由や原因の意味を表す表現。「〜ので, 〜から, 〜ために」に当たる。
- 体言に「때문에」が続くと, 「〜のため（に）, 〜のせいで」の意味になる。

用言語幹 （＋ −(으)시− ＋ −었− ） ＋ 기 때문에

体言 때문에

例 동아리 선배들도 다 오기 때문에 큰 식당을 예약했어요.

サークルの先輩たちも全員来るので大きい食堂を予約しました。

약속이 취소됐기 때문에 주말에 시간이 있을 거예요.

約束がキャンセルされたので週末に時間があると思います。

갑자기 내린 눈 때문에 교통사고가 났습니다.

突然降った雪のせいで交通事故が起きました。

〜(이)나	〜くらい, 程度	数量や程度を尋ねるときに使われる	몇 명이나 왔습니까? 何人くらい来ましたか。 얼마나 걸려요? どのくらいかかりますか。 어느 정도나 돼요? どの程度ありますか。
	〜も	数量や程度が多いことを表す	세 번이나 전화했습니다. 3回も電話しました。 값이 싸서 열 개나 샀어요. 値段が安くて10個も買いました。
〜밖에	〜しか	数量や程度が少ないことを表す	네 시간밖에 못 잤어요. 4時間しか眠れませんでした。 천 엔밖에 없습니다. 1000円しかありません。 일 미터밖에 안 돼요. 1メートルしかありません。

《練習3》日本語の文は韓国語に，韓国語の文は日本語に訳してみましょう。

1) 올해는 책을 다섯 권밖에 못 읽었어요.

2) 막차를 타야 하기 때문에 지금 나가려고 합니다.

3) 類似しているので区別が難しいです。（区別 구별）

4) 今日はコーヒーを3杯も飲みました。

表現練習

《練習 1》例にならって語句を入れて，文を作ってみましょう。

例　_____ (으)려고 합니다.
수업 끝나고 바로 집에 가다 → 수업 끝나고 바로 집에 가려고 합니다.

1) 지금 출발하다　　　　　　2) 다음 역에서 갈아타다
3) 아주머니에게 말씀 드리다　4) 육교 밑에서 택시를 잡다

《練習 2》例にならって語句を入れて，会話を完成させましょう。

例　A:_____a_____(으)려고 하세요?　B:_____b_____(으)려고 해요.
　a. 주말에 뭐 하다　　b. 친구를 만나다 →
　A: 주말에 뭐 하려고 하세요?　　B: 친구를 만나려고 해요.

1) a. 공항까지 마중가다 b. 네, 공항까지 마중가다
2) a. 지하철역까지 걸어가다 b. 아뇨, 버스를 타다
3) a. 산 정상(頂上)까지 올라가다 b. 아뇨 정상까지는 올라가지 않다
4) a. 어느 호텔로 예약하다 b. 역 근처 호텔로 예약하다

《練習 3》例にならって語句を入れて，文を作ってみましょう。

例　_____ (으)면 돼요.
학교 앞에서 버스를 타다 → 학교 앞에서 버스를 타면 돼요.

1) 똑바로 가다　　　　　　　2) 이 골목으로 들어가다
3) 다음 정류장에서 내리시다　4) 다음 신호등에서 세워 주시다

《練習４》例にならって語句を入れて，文を作ってみましょう。

例 _____ (으)면 안 됩니다.

굽(かかと)이 너무 낮다 → 굽이 너무 낮으면 안 됩니다.

1) 이 길로 지나가다
2) 애완동물(ペット)을 데려오다
3) 그렇게 갑자기 서다
4) 노란불(黄信号)일 때 횡단보도를 건너다

《練習５》例にならって語句を入れて，文を作ってみましょう。

例 _____ 아/어야 합니다.

일주일에 세 번은 운동을 하다 → 일주일에 세 번은 운동을 해야 합니다.

1) 지하도로 내려가다
2) 사거리에서 우회전하다
3) 나갈 때 교실 불(明かり)을 끄다
4) 건널목을 건널 때는 신호등을 잘 확인하다

《練習６》例にならって語句を入れて，会話を完成させましょう。

例 A:_____아/어도 돼요?

B: 네, _____아/어도 돼요. / 아뇨, _____(으)면 안 돼요.

사전을 보다 → A: 사전을 봐도 돼요?

B: 네, 사전을 봐도 돼요.

아뇨, 사전을 보면 안 돼요.

1) 저 자리에 앉다   2) 지하(地下) 주차장에 주차하다

3) 에어컨 켜다   4) 2번 출구로 나가다

《練習7》例にならって語句を入れて，文を作ってみましょう。

例 _____a_____ 기 때문에 ____b____

　　a. 금리(金利)가 너무 높다   b. 돈을 빌리기가 어렵습니다.

　　→ 금리가 너무 높기 때문에 돈을 빌리기가 어렵습니다.

1) a. 이 시간에는 교통이 늘 복잡하다   b. 일찍 출발해야 합니다.

2) a. 비행기가 연착(延着)했다   b. 도착 시간이 늦어졌습니다.

　　〔늦어지다 : 遅くなる〕

3) a. 마지막이다   b. 최선을 다하려고 해요.

　　〔최선을 다하다 : 最善を尽くす〕

4) a. 운전기사(運転手) 분이 매우 친절하셨다   b. 편하게 왔습니다.

《練習8》例にならって語句を入れて，文を作ってみましょう。

例 _____a_____ 때문에 ____b____

　　a. 그 문제   b. 이야기를 하고 있습니다.

　　→ 그 문제 때문에 이야기를 하고 있습니다.

1) a. 다른(他の) 일   b. 조금 늦었습니다.

2) a. 교통사고   b. 길이 많이 막혀요.

3) a. 옆방에서 나는 소리   b. 잠을 못 잤어요.

4) a. 내일 회의   b. 머리(頭)가 아파요.

応用練習

★ 課題1 ＜話す＞

次の会話を見て，例にならって話してみましょう。

例　리에:　여기에서 이태원에 가려고 하는데요. 어떻게 가면 돼요?

　　　 민수:　신촌역에서 2호선을 타고 합정역에서 6호선으로 갈아타세요.

　　　　　　 그리고 이태원역에서 내리면 돼요.

　　　 리에:　이태원역까지 시간이 얼마나 걸려요?

　　　 민수:　30분쯤 걸릴 거예요.

목적지 (目的地)	출발하는 역	갈아타는 역	내리는 역	걸리는 시간
이태원	신촌역(2호선)	합정역(6호선)	이태원역	30분
예술의전당	홍대입구역(2호선)	을지로3가역(3호선)	남부터미널역	45분
코엑스	광화문역(5호선)	을지로4가역(2호선)	삼성역	40분
경복궁	강남역(2호선)	교대역(3호선)	경복궁역	35분
김포공항	명동역(4호선)	서울역(공항철도)	김포공항역	40분

〔語句〕이태원 梨泰院, 예술의 전당 芸術の殿堂, 경복궁 景福宮, 김포 공항 金浦空港, 공항철도 空港鉄道

★ 課題2　＜読む＞

次の文章を読んで，質問に答えてみましょう。

한국의 교통카드

　오늘은 한국의 교통카드에 대해서 소개하겠습니다. 한국에도 일본과 비슷한 교통카드가 있습니다. 저는 지난번에 한국에 여행 갔을 때 구입을 했습니다. 공항에서 지하철을 타기 전에 역에 있는 교통카드 발매기에서 샀습니다. 편의점에서도 살 수 있다고 합니다. 교통카드를 구입할 때 카드 구입 비용도 내야 합니다. 이것은 나중에 교통카드를 반납하면 돌려받을 수 있습니다. 충전은 지하철역이나 편의점에서 하면 됩니다. 요즘에는 휴대폰에서 바로 충전을 할 수 있다고 합니다. 교통카드 한 장으로 지하철, 버스, 택시에서 모두 사용할 수 있고, 전국에서 다 쓸 수 있습니다. 저는 지난번에 산 교통카드를 아직 가지고 있습니다. 다음에 한국에 가면 또 쓸 생각입니다.

〔語句〕～에 대해서 ～について, 소개 紹介, 구입 購入, 발매기 発売機, ～다고 하다 ～だそうだ(引用), 비용 費用, 반납 返却, 돌려받다 返してもらう, 충전 チャージ・充電, 사용하다 使用する, 전국 全国

(1) 内容と合っていれば○, 間違っていれば×をつけましょう。

1) 韓国の交通カードは, 別途, カード代金を払う必要がない。（　　　　）
2) 韓国の交通カードは, コンビニではチャージできない。（　　　　）
3) 韓国の交通カードは, 1枚で全国のどこでも利用できる。（　　　　）

(2) 質問に答えましょう。

1) 이 사람은 어디에서 한국 교통카드를 구입했습니까?

_____

2) 이 사람은 지난번에 산 한국 교통카드를 왜 아직 가지고 있습니까?

_____

★ 課題3 ＜聞く＞ 🎧 17-10

次の会話を聞いて，それぞれの場所がどこか下の絵から選びましょう。

유리さんは今，地下鉄の出口で通りがかりの人に道を尋ねています。

〔語句〕삼거리 三叉路・T字路・Y字路

(1) 마포우체국은 어디에 있습니까?
①   ②   ③   ④

(2) 드림호텔은 어디에 있습니까?
①   ②   ③   ④

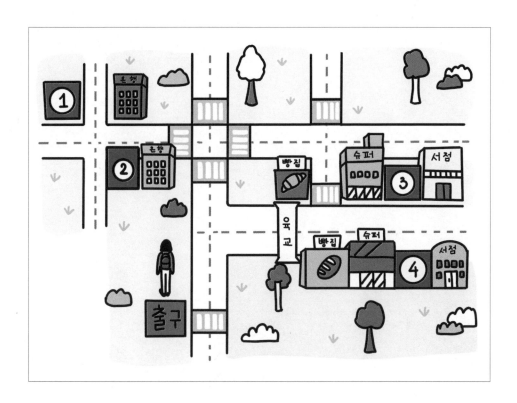

第 18 課

健康・天気

目標

・健康問題や病気について話すことができる。
・天気について話すことができる。

会話本文

🎧 18-1

의　사：　어디가 안 좋으세요?

이수연：　목이 많이 아프고 열도 조금 나요.

의　사：　어디 한번 봅시다.

　　　　　목이 많이 부었네요.

이수연：　그냥 감기예요?

의　사：　네, 요즘 목 감기가 유행이거든요.

　　　　　검사 결과 독감은 아닌 것 같습니다.

이수연：　그런데 다음 주에 여행을 가는데 그때까지는 낫겠죠?

의　사：　네, 약 잘 드시면 나을 거예요.

　　　　　며칠 동안은 무리하지 말고 푹 쉬십시오.

이수연：　감사합니다.

의　사：　약은 5일분 처방해 드리겠습니다.

発音
🎧 18-2

- 좋으세요［조으세요］ ㅎの脱落
- 부었네요［부언네요］ 鼻音化
- 유행이거든요［유행이거든뇨］ ㄴ挿入
- 다음 주［다음쭈］ 特殊な濃音化
- 며칠 동안［며칠똥안］ 特殊な濃音化

語句

- 어디 よし, どれ（感嘆詞）
- 검사 検査
- 독감〔毒感〕インフルエンザ
- 처방하다 処方する

- 그냥 ただ, そのまま
- 결과 結果
- ～분 ～分

基本語句 15　　🎧 18-3

1．病気・健康に関する語句

건강 健康	기분 気分，気持ち	두통 頭痛
열 熱	콧물 [콘물]鼻水	기침 咳
피 血	상처〔傷處〕傷	다치다 怪我する
처방전 処方箋	약을 먹다 薬を飲む	

바르다(르変) 塗る，つける

병이 나다〔病-〕病気になる	병에 걸리다〔病-〕病気にかかる
감기에 걸리다〔感氣-〕風邪を引く	감기가 들다〔感氣-〕風邪を引く
배탈이 나다 おなかを壊す	소화가 안 되다 消化が良くない
진찰을 받다 診察を受ける	주사를 맞다 注射を受ける

2．天気に関する語句

날씨 天気	기온 気温	도 （漢数詞につけて）～度

환절기〔換節期〕季節の変わり目

맑다 晴れている	흐리다 曇っている	개다 晴れる
비가 오다 雨が降る	눈이 오다 雪が降る	바람이 불다 風が吹く

3．その他

몸 体，身体	머리 頭	얼굴 顔
눈 目	목 首，喉	배 腹
손 手	깜빡 うっかり	금방〔今方〕すぐに，直に
푹 ぐっすり，ゆっくり	계속 ずっと，引き続き，継続	

곧 すぐ，すぐに

짓다(ㅅ変) 建てる，炊く，作る

눕다(ㅂ変) 横になる

조심하다 気をつける

잊어버리다 忘れる

줄다 減る

울다 泣く

세수하다〔洗手-〕洗顔する

목욕하다〔沐浴-〕風呂に入る

화장하다 化粧する

살이 찌다 太る

{담배를・술을} 끊다 {タバコを・酒を}止める

낫다(ㅅ変) 治る

붓다(ㅅ変) 腫れる，むくむ

무리하다 無理する

걱정하다 心配する

늘다 増える

웃다 笑う

샤워하다 シャワーを浴びる

씻다 洗う

면도하다〔面刀-〕ひげを剃る

이를 닦다 歯を磨く

살이 빠지다 痩せる

文法および表現 15

・連体形 것 같다 ～ようだ

・～(으)십시오 합니다体の命令形

・～(으)ㅂ시다 합니다体の勧誘形

・～지 말다 命令や勧誘の否定形

・～지 말고 ～しないで

・～거든요 ～んですよ

・ㅅ変則

18 - 1　連体形 것 같다　　🎧 18-4

・ある事実に基づいた推測を表す表現。連体形 것 같다

> 動詞・存在詞の語幹 ＋ -는 것 같다　～ようだ
>
> 形容詞・指定詞の語幹 ＋ -(으)ㄴ 것 같다　～ようだ
>
> 動詞語幹 ＋ -(으)ㄴ 것 같다　（した）ようだ
>
> 用言語幹 ＋ -(으)ㄹ 것 같다　しそうだ

・「것」は，会話では縮約形の「거」と発音される。未来連体形の
「～(으)ㄹ」の後ろでは濃音の「꺼」で発音することに注意。

例　비가 온 것 같아요.　雨が降ったようです。

　　비가 오는 것 같아요.　雨が降っているようです。

　　비가 올 것 같아요.　雨が降りそうです。

　　야마다 씨는 요즘 바쁘신 것 같아요.
　　山田さんはこの頃お忙しいようです。

　　저분은 기자인 것 같아요.　あの方は記者みたいです。

・自分の主観的な考えや判断を表し，「～と思います」という意味で使
われることもある。

例　한국어는 발음이 어려운 것 같아요. 韓国語は発音が難しいと思います。

　　A: 어떤 게 좋을까요?　どちらがいいでしょうか。

　　B: 저는 이게 좋은 것 같아요. 私はこれがいいと思います。

《練習１》日本語の文は韓国語に, 韓国語の文は日本語に訳してみましょう。

1) 요즘 계속 소화가 안 되는 것 같습니다.

2) 너무 맛있을 것 같네요.

3) 気分がいいみたいです。

4) 風邪を引いたようです。

---

18 - 2 합니다体の命令形や勧誘形　～(으)십시오, ～(으)ㅂ시다 🎧 18-5

- 합니다体の命令形は「～(으)십시오」である。「～なさってください, ～してください」の意味。
- 합니다体の勧誘形は「～(으)ㅂ시다」である。「～しましょう」の意味。

動詞や있다の語幹 + -(으)십시오　　動詞や있다の語幹 + -(으)ㅂ시다

語幹	합니다体命令形	합니다体勧誘形
母音語幹	語幹 십시오 例 가다(行く) → 가십시오	語幹 ㅂ시다 例 가다(行く) → 갑시다.
子音語幹	語幹 으십시오 例 읽다(読む) → 읽으십시오	語幹 읍시다 例 읽다(読む) → 읽읍시다
ㄹ語幹	語幹 십시오 (*ㄹは脱落) 例 만들다(作る) → 만드십시오	語幹 ㅂ시다 (*ㄹは脱落) 例 만들다(作る) → 만듭시다

- 합니다体の命令形や勧誘形は, 改まった言い方で, 堅苦しい印象を与えるので, 日常会話ではあまり用いられない。特に「～(으)ㅂ시다」は目上の人に使用すると失礼になるので注意！13課で学んだ「～(으)시지요」を使うのがよい。

例 다음 문장을 읽고 대답하십시오. 次の文章を読んで答えてください。

새해 복 많이 받으십시오.

あけましておめでとうございます。

(新年，福をたくさん受け取ってください)

이제 출발합시다. もう出発しましょう。

서로 돕는 사회를 만듭시다. お互いに助け合う社会を作りましょう。

《参考》命令形と勧誘形のまとめ

	命令形	勧誘形
해요体	〜아/어요 (しなさい，〜してください)	〜아/어요 (〜しましょう)
해요体尊敬	〜(으)세요 (〜してください，〜なさってください)	×
합니다体	〜(으)십시오 (〜なさってください)	〜(으)ㅂ시다 (〜しましょう)

---

18 - 3　命令や勧誘の否定形　〜지 말다　🎧 18-6

- 命令や勧誘の否定形としては「〜지 말다」を使う。動詞や있다の語幹に続く。
- 합니다体と해요体の命令や勧誘の否定形をまとめると以下のとおり。

	命令の否定形（禁止命令）	勧誘の否定形
해요体	〜지 말아요/마요 (〜しないでください)	〜지 말아요/마요 (〜するのをやめましょう)
해요体尊敬	〜지 마세요 (〜しないでください，〜なさらないでください)	×
합니다体	〜지 마십시오 (〜なさらないでください)	〜지 맙시다 (〜するのをやめましょう)

例 걱정하지 마세요.　心配しないでください。

　　길에 쓰레기를 버리지 마십시오.　道にゴミを捨てないでください。

　　도서관에서는 떠들지 말아요.　図書館では騒がないでください。

　　더 이상 기다리지 맙시다.　これ以上待つのはやめましょう。

《練習 2》日本語の文は韓国語に，韓国語の文は日本語に訳してみましょう。

1) 이번에는 꼭 이깁시다.

2) 아기(赤ちゃん)가 자고 있으니까 큰 소리를 내지 마세요.

3) 約束に遅れないでください。(해요体尊敬に)

4) 早く行きましょう。

| 18 - 4 | ~지 말고 ~しないで | 🎧 18-7 |

- ~지 말다に接続語尾~고が続いた形。「～しないで，～せずに」に当たる表現。

| 動詞や있다の語幹 | （＋ −(으)시−）＋ -지 말고 |

例 다치지 말고 조심하십시오.　怪我しないで気をつけてください。

　　거기에 놓지 말고 이 상자에 넣으세요.

　　そこに置かないでこの箱に入れてください。

~거든요　　　　　　　　　　　🎧 18-8

- 日常会話で理由を説明するときに使われる表現。日本語の「〜（する）んですよ，〜（する）もんですから」に当たる。

動詞や있다の語幹 （+ -(으)시-） + -거든요

例　A: 주말인데 회사에 가는 거예요?
　　週末なのに会社に行くんですか。

　　B: 네, 외국에서 손님이 오거든요.
　　はい，外国からお客様が来るんですよ。

　　어제 전화 안 해서 미안해요. 감기에 걸려서 하루 종일 누워 있었거든요.
　　昨日，電話しなくてすみませんでした。風邪を引いて一日中寝ていたもんですから。

《練習3》日本語の文は韓国語に, 韓国語の文は日本語に訳してみましょう。
1) 참지 말고 병원에 가서 진찰을 받으세요. （참다 我慢する）
2) 인구(人口)가 많이 줄었거든요.
3) お酒飲まないで早く帰ってきてください。
4) うっかり忘れたんですよ。

ㅅ変則　　　　　　　　　　　🎧 18-9

- 語幹が「ㅅ」で終わる用言の一部はㅅ変則用言となる。
- ㅅ変則用言：낫다(治る)，짓다(建てる・炊く)，붓다[1](腫れる，むくむ)，붓다[2](注ぐ)，젓다(かき混ぜる) …
- -아/어や-으など，母音で始まる語尾が続くと，「ㅅ」が脱落する。
「ㅅ」が落ちても常に子音語幹扱いになることに注意。

낫다(治る)： 낫 +　-아요 → 나아요

　　　　　　　낫 +　-(으)ㄴ → 나은

	～아/어요	～(으)ㄴ	～지만
낫다(治る)	나아요	나은	낫지만
짓다(建てる・炊く)	지어요	지은	짓지만

注　意

「웃다(笑う)，씻다(洗う)，벗다(脱ぐ)…」は正則用言である。

例 빨리 나으세요.　お大事にしてください。

다리가 부었어요.　脚がむくんでいます。

작년에 지은 건물이에요.　去年建てた建物です。

집에 오면 옷을 갈아입고 손을 씻으세요.

家に帰ったら服を着替えて手を洗ってください。

《練習４》次の用言を例にならって活用させましょう。

例　붓다(腫れる，注ぐ) ▶ 부어요/부었습니다/부은(過去連体形)/붓고

1）낫다 治る

2）씻다 洗う

3）짓다 建てる・炊く

4）젓다 かき混ぜる

　表現練習

《練習１》例にならって語句を入れて，文を作ってみましょう。

例　_____ (으)ㄴ/는 것 같아요.

눈을 좀 다쳤다 → 눈을 좀 다친 것 같아요.

나이는 저하고 비슷하다 → 나이는 저하고 비슷한 것 같아요.

1) 몸이 좀 안 좋다　　　　2) 바람이 많이 불다

3) 저분은 결혼했다　　　　4) 선생님이 요즘 바쁘시다

5) 가방 안에 휴대폰이 없다　　6) 요즘 살이 빠졌다

《練習 2》例にならって語句を入れて，文を作ってみましょう。

例 _____ (으)ㄹ 것 같아요.

이 과자가 맛있다 → 이 과자가 맛있을 것 같아요.

1) 또 배탈이 나다　　　　2) 가입자(入会者)가 더 늘다

3) 오후에는 개다　　　　4) 금방 살이 찌다

《練習 3》例にならって語句を入れて，文を作ってみましょう。

例 _____ (으)십시오.

식사 후에 이를 꼭 닦다 → 식사 후에 이를 꼭 닦으십시오.

1) 자기 전에 약을 바르다　　2) 요리하기 전에 손을 잘 씻다

3) 담배를 끊다　　　　　4) 조심해서 들어가다

《練習 4》例にならって語句を入れて，文を作ってみましょう。

例 _____ 지 마세요.

약속에 늦다 → 약속에 늦지 마세요.

1) 수업 시간에 졸다(居眠りする)　　2) 그런 일로 울다

3) 여기에 자전거를 세우다　　　　4) 다음 주 약속 잊어버리다

《練習５》例にならって a, b に語句を入れて，文を作ってみましょう。

例　____a____지 말고____b____

　　a. 전화하다　b. 문자로 연락하세요.

　　→ 전화하지 말고 문자로 연락하세요.

1) a. 우표 붙이다 b. 그냥(そのまま) 보내세요.

2) a. 인터넷에서 찾다 b. 도서관에 가 보세요.

3) a. 무리하다 b. 푹 쉬세요.

4) a. 오늘은 목욕하다 b. 샤워만 하세요.

《練習６》例にならって거든요를使って，答えてみましょう。

例　요즘 얼굴이 좋아졌어요(よくなりました).　→ 담배를 끊었거든요.

1) 이 식당은 항상 사람이 많네요.

2) 오늘 수업에 왜 늦었어요?

3) 요즘 바쁜 것 같아요.

4) 안색(顔色)이 안 좋네요.

《練習７》例にならって語句を入れて，文を作ってみましょう。

例　얼굴(顔)이 붓 +아/어서 나갈 수 없어요.

　　→ 얼굴이 부어서 나갈 수 없어요.

1) 잘 젓다 +아/어서 드세요.

2) 더운데 코트는 벗+(으)세요.

3) 감기는 다 낫다(過去尊敬疑問形に)?

4) 그릇에 물을 한 컵 붓다(해요体の命令形に).

5) 지금 웃 +(으)ㄴ 사람 누구예요?

★ 課題1　＜話す＞

次の会話を見て，例にならって話してみましょう。

例 유리:　며칠 전부터 목이 아팠는데 오늘 아침부터는 열도 나요.

친구:　독감 아니에요?

유리:　잘 모르겠어요.

친구:　병원에 가 보세요. 그리고 손을 자주 씻고 양치도 잘 하세요.

유리:　네, 그렇게 할게요.

	증상 （症状）	어드바이스 （アドバイス）
1	목이 아프다, 열이 나다	병원에 가 보세요, 손을 자주 씻으세요, 양치를 잘 하세요
2	콧물이 나다, 기침이 나다	몸을 따뜻하게 하고 푹 쉬세요, 생강차를 드셔 보세요
3	넘어져서 무릎을 다쳤다, 피가 나다	소독을 하고 약을 바르세요, 밴드를 붙이세요
4	축구 경기 중 다쳤다, 발목이 부었다	당분간 움직이지 마세요, 찜질을 하고 파스를 붙이세요
5	배탈이 나서 배가 아프다	소화제를 먹고 배를 따뜻하게 하세요, 죽을 드세요

〔語句〕독감 インフルエンザ， 양치 歯磨き， 생강차 ショウガ茶， 넘어지다 転ぶ， 무릎 膝， 소독 消毒， 발목 足首， 당분간 しばらく， 움직이다 動く， 찜질 シップ， 소화제 消化剤， 죽 おかゆ

★ 課題2　＜読む＞

次の文章を読んで，質問に答えてみましょう。

한국의 날씨

한국 날씨는 일본과 비슷합니다. 봄, 여름, 가을, 겨울의 사계절이 있습니다. 요즘은 여름하고 겨울은 길어지고 봄하고 가을은 짧아지는 것 같습니다. 봄은 삼월부터 시작되는데 따뜻하지만 날씨가 좋지는 않습니다. 흐리고 바람이 부는 날이 많고 미세 먼지 문제도 심각합니다. 여름은 유월부터 시작됩니다. 일본처럼 장마가 있고 기온은 삼십도 전후로 매우 덥습니다. 습도는 그렇게 높지 않습니다. 가을은 구월부터인데 시원하고 맑은 날씨일 때가 많습니다. 겨울은 십이월부터입니다. 기온이 영하로 내려가는 날이 많습니다. 서울은 눈도 자주 내립니다.

〔語句〕사계절〔四季節〕四季, -어지다 〜くなる（変化）, 날 日,
　　　　미세 먼지 微細ホコリ・pm2.5, 심각하다 深刻だ, 장마 梅雨,
　　　　전후 前後, 습도 湿度, 영하〔零下〕氷点下

(1) 内容と合っていれば〇，間違っていれば×をつけましょう。

1) 最近，韓国では秋と冬がだんだん長くなっているようだ。(　　　　)
2) 韓国の春は3月から始まる。(　　　　)
3) 韓国の夏は日本と同じく，気温が高くて湿気も多い。(　　　　)
4) 韓国の冬期の気温は0度以下に下がることが多い。(　　　　)

(2) 質問に答えましょう。

1) 한국의 봄 날씨는 어떻습니까?

_____

2) 한국의 가을 날씨는 어떻습니까?

_____

★ 課題3 ＜聞く＞ 18-10

次の医者と患者の会話を聞いて，質問に答えてみましょう。

〔語句〕증상 症状，중요하다 重要だ，분 分，처방하다 処方する

(1) この人の症状をすべて選びましょう。

① のどが痛い　　　　　② 鼻水が出る

③ 熱がある　　　　　　④ 頭が痛い

⑤ 咳が出る　　　　　　⑥ 悪寒がする

(2) この人は何日分の薬を処方してもらいましたか。

① 2日分　　　　　　　② 3日分

③ 4日分　　　　　　　④ 5日分

(3) 質問に答えましょう。

1) 이 사람은 언제부터 아팠어요?

_____

2) 왜 요즘 감기가 유행입니까?

_____

3) 이 사람은 목요일에 왜 병원에 올 수 없습니까?

_____

参考6 -身体名詞

머리 頭	얼굴 顔	눈 目
코 鼻	입 口	귀 耳
목 首, 喉	손 手	발 足
팔 腕	다리 脚	허리 腰
배 腹	어깨 肩	등 背中

参考7 -病気関連語句

진통제 鎮痛剤	소화제 消化剤
해열제 解熱剤	감기약〔感氣藥〕風邪薬
멀미약〔-藥〕酔い止め	가루약〔-藥〕粉薬
물약 [물략]〔-藥〕水薬	알약 [알략]〔-藥〕錠剤
안약 [아냑]〔眼藥〕目薬	체하다〔滯-〕食もたれする
토하다 吐く	어지럽다 めまいがする
몸살이 나다 体がだるくて悪寒がする	

索引

【助詞】，【語尾】(接続語尾・文末語尾・連体形語尾)，【表現】，【変則活用】

音声ファイルは、
QRコードをスキャンするとご確認いただけます。

基本語句は、
QRコードをスキャンするとご確認いただけます。

練習問題の解答は、
QRコードをスキャンするとご確認いただけます。

リスニングのスクリプトは、
QRコードをスキャンするとご確認いただけます。

　著者紹介

　金 亨貞（キム・ヒョンジョン）

東北学院大学教養学部言語文化学科准教授。

専門は韓国語学，韓国語教育論。

延世大学校大学院国語国文学科国語学専攻博士課程修了。

著書に『韓国語読解ポイント100』（共著，百帝者）などがある。

しっかり韓国語 初級

初版発行　2022年 9月 5日

著　　者　金 亨貞

発 行 人　中嶋 啓太

発 行 所　博英社
　　　　　〒 370-0006 群馬県 高崎市 問屋町 4-5-9 SKYMAX-WEST
　　　　　TEL 027-381-8453 / FAX 027-381-8457
　　　　　E‧ MAIL hakueisha@hakueishabook.com
　　　　　HOMEPAGE www.hakueishabook.com

ISBN　　　978-4-910132-34-1

定　　価　　3,300円（本体3,000円＋税10%）